Ud af skyggen

Når mor drikker

Af Maikhen Petersen er udgivet følgende bøger

Ramt af Nemesis

Til alle små troldebørn

Maikhen Petersen

Ud af skyggen

Når mor drikker

Forlag: Books on Demand GmbH, København, Danmark
Tryk: Books on Demand GmbH, Norderstedt, Tyskland

ISBN: 978-87-7188-473-9

Kapitel 1.

Spisefrikvarteret var lige startet, da Clara overhørte, hvordan Camilla og Josefine skyndte sig at lave en aftale med Emma og Katrine om at gå over i Centeret og spise frokost sammen. De stod og fnisede skabagtigt, mens de tog overtøjet på og talte højlydt om det nye tøj, de havde købt dagen før.

Camilla vendte sig om og gav Carla elevatorblikket, da de i samlet flok gik forbi hende.

"Du kunne ellers godt nok trænge til en make-over. Ærgerligt at du aldrig har nogen penge, ellers kunne du være kommet med," sagde hun med sin læspende stemme, inden de alle storgrinende løb ud af døren.

Det stak dybt ind i hjertet, hver gang hun så dem løbe af sted sammen. Hun savnede også nogen at have et sådan et tæt fællesskab med. Dengang hun gik i folkeskolen med Emma og Katrine, så havde de ikke været lige så strenge. Josefine var virkelig styrende og de andre fulgte hendes læber til mindste detalje. Det var som om hun havde en eller anden magisk kraft over dem, der fik det til at virke som om, de ikke kunne tænke en selvstændig tanke. Når hun sagde hop, så hoppede de.

Clara's mave rumlede. Heller ikke i dag havde hun madpakke med og der kunne slet ikke blive tale om at købe noget. Hun havde egentlig heller ikke rigtig nogen appetit. Det bildte hun i hvert fald sig selv ind, for muligheden for at få noget at spise var ikke rigtig til stede lige nu, så hun kunne lige så godt finde sig et stille hjørne, hvor hun kunne bøje sig over lektierne og få læst den artikel, de skulle gennemgå i dansktimen. Hun søgte hen mod den lille krog ved siden af toiletterne, hvor der næsten aldrig sad nogen, fordi de syntes, der var klamt og lugtede af tis. Det var også rigtig nok, at der lugtede, men der kunne hun finde ro og så slap hun i det mindste for andres kritiske bemærkninger.

Selvom hun forsøgte at koncentrere sig om at læse, så kunne hun ikke undgå at lægge mærke til, hvordan Josefine og Camilla pralende viste deres indkøb frem, da de vendte tilbage fra deres tur. Imens holdt Emma og Katrine sig tæt til og sugede som igler til sig af fortryllelsens aura, som den del af pigerne, der var inde i varmen, mens nogle af de andre piger fra klassen måtte nøjes med at danne ring om gruppen med en blanding af beundring og misundelse malet i øjnene.

Igen forsøgte Clara at vende opmærksomheden mod artiklen, så hun kunne nå den sidste halve side, inden næste time startede, men det var svært, når hun samtidig kæmpede med følelsen af at være udenfor fællesskabet.

Resten af skoledagen forløb heldigvis nogenlunde roligt, men på vej ud af gymnasiet blev Carla stoppet af Josefine.

"Det var vel nok synd, at du ikke var med over i Centeret," sagde Josefine med himmelvendte øjne og et smørret grin på læben.

"Hvorfor det?"

"Jo for så kunne du jo lige have sagt hej til din mor."

"Hvad mener du?"

"Nå nej, måske alligevel ikke for hun havde ret travlt med at komme ud af butikken med sine flasker. Faktisk skulle man tro, at hun have stjålet noget med den fart hun havde på. Men det var måske bare fordi, hun havde svært ved at styre sine bevægelser."

Clara kiggede op og så, hvordan Emma hurtigt slog blikket ned og da hun ikke vidste, hvad hun skulle sige, så vendte hun sig bare stift om og gik sin vej. Bare de dog ville lade hende være i fred.

"Godt det ikke er mig, der har sådan en mor. Du må vel nok være flov over hende," råbte Josefine efter hende med en skinger stemme.

De kunne lige så godt have kastet et tungt spyd direkte ind i Claras hjerte. Hun blev så flov, så flov helt dybt ind i sin sjæl og skammede sig samtidig over, at hun følte sådan overfor sin egen mor. Det var bare så pinligt, når hendes mor gik fuld rundt henne i Centeret, så alle kunne se hende. Hun elskede sin mor, altså den mor hun engang havde været, men hun kunne næsten ikke klare at se på, hvordan hun var ved at ødelægge sig selv. Det var for hårdt og det gik også mere og mere ud over Clara. Det var blevet værre og værre det sidste år og hun vidste snart ikke, hvad hun skulle gøre. Hun kunne ikke sige noget til sin mor. Hun havde prøvet nogle gange, men så råbte moren bare op og sagde, at Clara slet ikke forstod noget som helst. Men så var de bare to, der ikke forstod noget, for Clara kunne ikke i sin vildeste fantasi begribe, hvordan moren kunne vælge at ødelægge sit eget liv og fattede ikke, at hun kunne være så egoistisk, at hun ikke kunne se, hvordan det også gik ud over Clara.

Det var ikke bare det, at hun næsten var fuld hele tiden. Det var mere det, at hun også var begyndt at blive ondskabsfuld. Og så var det også et stigende problem, at der ikke var nogen penge. Hun kunne efterhånden ikke engang være sikker på, at der var mad i køleskabet. Det var bare så hamrende urimeligt, at hendes mor brugte så mange penge på druk, når hun ikke kunne sørge for, at der var bare et minimum af mad. Clara stillede ikke store krav, og ønsket om lidt rugbrød, pålæg, mælk og havregryn var vel ikke så meget forlangt.

Maven rumlede igen og Clara kunne ikke længere overbevise sig om, at hun ikke var sulten. Det var over 24 timer siden, hun sidst havde fået mad. Hun var også begyndt at tabe sig og blev hurtigt træt. Tøjet hang på hende og hun havde sorte rande under øjnene. Det var vigtigt for hende, at klare sig godt i skolen, så hun i hvert fald kunne sikre sig at få en ordentlig uddannelse. Hun ønskede ikke at ende som sin mor eller de få bekendte moren gennem tiderne havde haft, der alle skiftevis havde været i dårligt lønnede job, arbejdsløse eller på kontanthjælp. Hun ville bryde det mønster og få sig et godt betalt job, så hun havde frihed til at vælge det, hun gerne ville. Få en lækker lejlighed, kunne købe nyt tøj, gå til frisøren, et fyldt køleskab og med tiden håbede hun også, at hun ville finde en rigtig sød kæreste.

Nervøst stak hun nøglen i døren, mens hun krydsede fingre for, at der ville dufte af mad, når hun åbnede den. Men det ville selvfølgelig have været for meget at håbe. I stedet blev hun mødt af en stank af bræk og lyden af hendes mor, der lå og jamrede sig.

Hun fandt hende på gulvet i stuen, hvor hun var væltet og havde skåret sig på det knuste glas, der lå som små krystaller rundt om hende.

"Åh nej mor altså, her stinker og du har skåret dig. Rejs dig dog op," sagde hun, mens hun hurtig smed tasken fra sig og balancerede over glasskårene.

"La' vær' og være så sur," snøvlede hun. "Tag og hjælp mig op i stedet for din snerpede tøs."

Clara tog som så mange gange før fat under armene på hende og fik hende op i lænestolen. Hun vidste også, at når hendes mor var i den tilstand, så var der ikke andet for end at få hende i seng hurtigst muligt. Bagefter åbnede hun vinduerne, fjernede glasskår og bræk, og vaskede til sidst gulvet. Hvor var hun bare træt af at komme hjem gang på gang til en mor, der var så sanseløs beruset.

Mavens rumlen førte hende ud i køkkenet, hvor der kun var en smule havregryn, som hun blandede med en god sjat vand og lavede en tynd portion havregrød. Hun dryssede lidt sukker på og spiste langsomt i takt med, at tårerne stille dryppede i store dråber og saltede grøden, mens hun kæmpede med vreden og sorgen over at ønske sin mor pokker i vold. Den dårlige samvittighed tog efterhånden over og hun endte som så ofte før med at føle medlidenhed med sin mor, for der måtte vel være en grund til, at hun havde så stort behov for at drukne sine egne sorger. Hvor kunne de bare få det godt, hvis bare hendes mor dog ville tale med nogen om sine problemer. Og så var hun tilbage i følelsen af sorg og afmagt. Det var vel for pokker da hendes mor, der var den voksne, så hvorfor tog hun ikke ansvar for sig selv og sit barn. Det her var efterhånden blevet den omvendte verden.

Kapitel 2.

Efter sådan en dag følte Clara sig helt alene og hjælpeløs. Det var også der savnet efter hendes mormor gjorde så uendelig ondt i hjertet. Hun havde været så god at snakke med og det var det eneste sted, Clara kunne finde trøst og forståelse for sin situation. Hendes mormor var heller ikke bleg for at sige noget til hendes mor. Det var lige ved at være to år siden hendes mormor døde og siden dengang var det bare blevet værre og værre med morens drikkeri.

Begravelsen havde været så smuk, når hun så bort fra morens pinlige optræden, da de skulle have kaffe og hun brovtende havde bedt om noget stærkere. Heldigvis havde Olga, mormorens søster, været der og havde med en stemme så kold og skarp som iskrystaller trukket moren til side og fortalt hende, at hvis hun ikke omgående satte sig ned og opførte sig anstændigt, ville hun sørge for, at hun blev smidt ud. Olga ville ikke finde sig i, at der blev kastet smuds på sin søsters mindestund.

Clara havde holdt vejret under hele optrinnet og havde ventet, at hendes mor efter sådan en opsang ville have hidset sig op lavet et værre postyr, eller i hvert fald være drejet om på hælen og smuttet ud af døren. Men til stor overraskelse forlod al farve hendes ansigt og så satte hun sig stille ned og drak den ene kop kaffe efter den anden. Hun endte med at være helt ædru, da de efter nogle timer gik hjemad, men det varede kun til de fik lukket hoveddøren, hvor hun først himlede op om, at den fisefornemme kælling til Olga nok troede, at hun kunne bestemme over alle andre og hun havde vel også plukket den gamle for alt, så hun ikke havde efterladt sig nogen arv. Da hun var færdig med at råbe op, havde hun rodet rundt i alle skabene i soveværelset, hvor hun tilfreds fandt en halvfyldt flaske snaps, som hun hurtigt fik sat til livs. Hun gad ikke engang finde et glas, men satte blot flasken til munden og tømte den i et drag.

Da Clara havde spurgt, hvornår de skulle spise, havde moren først kigget med det efterhånden så velkendte omtågede blik og bagefter havde hun grinet ondskabsfuldt og råbt, at hun forbandede den dag, hun havde fået hende og hun fand'me var stor nok til selv at kunne smøre sig en rugbrødsmad, hvis hun absolut skulle have noget at spise, hvorefter hun havde åbnet en flaske vin og drukket direkte af flasken.

Clara løb hulkende ind på sit værelse. Hun havde aldrig før set sin mor så ondskabsfuld, men det måtte vel være fordi hun et eller andet sted også selv var ked af, at hendes mor var død. Men derfor behøvede hun jo ikke at lade det gå ud over Clara. Forstod hun slet ikke, hvor ked af det hun var over at have mistet sin elskede mormor. Var hun blot blevet så egoistisk, at hun overhovedet ikke sansede andet end trangen efter noget at drikke.

Måske havde det også været lidt nemmere, hvis Claras far havde været en del af deres liv. Hun havde aldrig kendt ham, og når hun havde forsøgt at få nogle oplysninger om ham fra moren, havde hun bare vrænget af hende og sagt, at sådan en lort kunne de ikke brug til noget som helst. Hun havde også prøvet at tale med sin mormor om det, men hun vidste heller ikke, hvem han var. Hendes mor var blot en dag kommet hjem og fortalt, at hun var blevet gravid og da maven var begyndt at vokse, blev hun fyret fra sit job. Siden dengang var hun blevet mere og mere vred og utilfreds og hun var lige så stille begyndt at gå i forfald. Hun havde ikke gjort noget for hverken at få en uddannelse eller finde en kæreste, selvom både hendes mormor og morfar havde gjort alt hvad de kunne for at presse på. Til sidst havde de helt opgivet at få hende til at komme på ret køl. Lige meget hvad de sagde eller gjorde, var de blot blevet mødt af endnu mere vrede og foragt.

Da Clara var lille havde hendes mor haft flere rengøringsjob, men hver gang skete det samme efter en periode. Enten mødte hun fuld op på arbejde eller blev uvenner med dem, hun arbejdede sammen med og det resulterede altid i en fyringsseddel. Uanset hvad der skete, så kunne moren ikke se sine egne fejl. Det var altid de andre, der var noget i vejen med, dem der ikke forstod noget eller var for fine på den. Hendes mor havde virkelig svært ved mennesker, der havde ambitioner om at blive noget og ganske ofte måtte Clara bide sig i tungen for, at hendes mor ikke skulle opdage, at Clara også havde planer om at komme frem i livet. De sidste fem år havde hendes mor kun haft nogle små job hist og her, inden hun efter en lang periode på kontanthjælp havde fået førtidspension.

Clara syntes, det var så pinligt at have en mor der drak og ikke kunne finde ud af at have et job. Og som om det ikke var nok, så havde hun også en ukendt far. Det var ikke nogen god kombination og hun kendte kun alt for godt til al den snak, der gik om, at hendes mor bare i fuldskab havde været sammen med en eller anden tilfældig mand og at Clara derfor ikke var noget kærlighedsbarn. Hun forstod bare ikke rigtig, hvorfor moren valgte at drikke mere og mere og ofte tænkte hun da også, at hvis hun ikke var blevet gravid dengang, så havde hendes liv nok set helt anderledes ud. Og det var vel også det hendes mor havde ment med, at hun forbandede den dag hun var blevet gravid.

Selvom det blev sværere og sværere at holde følelsen af svigt på afstand, så forsøgte Clara at tænke på de gode stunder, hun trods alt havde haft med sin mor i de perioder, hvor hun formåede at holde sig nogenlunde ædru. De perioder var så dejlige, for der blev både lavet mad og gjort rent og moren sørgede også for at se ordentlig ud. Men det var meget længe siden og lige nu var det altså rigtig slemt med drikkeriet.

"Åh, mormor, hvor jeg altså savner dig," hviskede hun til sit spejlbillede, mens hun forsøgte at få håret til at makke ret. Måske skulle hun prøve at kontakte tante Olga og spørge, om hun kunne besøge hende i juleferien. Der var bare lige det problem, at tante Olga boede i Jylland, og Clara havde jo ikke penge til at købe en billet. Og i virkeligheden kendte hun jo heller ikke tante Olga særlig godt, så hun var sikkert heller ikke interesseret i at få besøg af hende.

Det blev nok en af de dage, hvor hun ikke kunne ryste den stærke følelse af svigt af sig, så hun håbede bare, at hun ubemærket kunne passe sin skole og nå hjem igen uden at blive mobbet og grinet af. Hun pakkede sin taske og kæmpede for at overhøre mavens rumlen, da hun tog sin slidte jakke på. Netop som hun knappede den sidste knap, hørte hun en puslen fra morens soveværelse.

"Clara, er du der?"

Hun vendte sig modløst og gik mod soveværelset.

"Jeg skal i skole nu mor, hvad er der?"

"Jeg er så dårlig, kan du ikke lige hjælpe mig ud på toilettet?"

"Det er nok fordi, du ikke har spist noget mad."

"Så smør mig lige et stykke franskbrød, inden du går, så er du sød?"

"Vi har ikke noget mad og jeg er altså nødt til at gå nu."

"Nå for satan, men kan du så ikke lige købe noget?"

"Jeg har ikke nogen penge."

"Du fik da en 50'er i sidste uge, men dem har du måske bare klattet op," fik hun lige sagt, inden hun vendte sig om og kastede op i toilettet.

"Det er altså tre uger siden mor og jeg brugte dem på rugbrød, havregryn og mælk. Du må give mig nogle penge, hvis jeg skal købe noget."

"Du kan gå ned med tomme flasker, når du kommer hjem," lød det hult fra toiletkummen.

Clara nikkede og tørrede hurtigt tårerne af kinderne og skyndte sig ud af døren for at slippe for stanken og lyden af morens nye skylle af opkast.

Kapitel 3.

Clara måtte småløbe for at nå frem til gymnasiet i tide og nåede lige ind af døren og hen på sin plads, få sekunder inden dansklæreren Thomsen trådte ind med sit sædvanlige kaffekrus i den ene hånd, mens han balancerede med PC og papirer i den anden. Fordelen ved at være i sidste øjeblik var, at hun slap for at starte dagen med ubehagelige kommentarer fra Camilla og især Josefine. Det gav hende i det mindste et pusterum indtil ti-frikvarteret.

Selvom hun kunne mærke, at pigegruppen bag hende sad og smågrinede og vidste, at de morede sig på hendes bekostning, så formåede hun at rette fokus mod læreren, der var gået i gang med dagens første dansktime.

"Hvad er det, der er så umanerligt underholdende på denne smukke morgen," spurgte Thomsen, mens han kiggede strengt på pigegruppen.

"Øh, ikke noget særligt," lød det sukkersødt fra Josefine.

"Så kunne man måske få ro i hønsegården, så det er muligt at høre, hvad man selv tænker."

"Ja, selvfølgelig. Undskyld mange gange."

Clara fik kvalme over den måde, Josefine forsøgte at indsmigre sig hos lærerne. Hun lavede aldrig lektier og der gik nogle rygter om, at hun på en hyttetur i 9. klasse havde trukket en af lærerne til side og vist ham sine bryster, mens hun tog en selfie, så hun havde et pressionsmiddel til at få en god årskarakter. Alle vidste jo, at en lærer ikke måtte være sammen med en elev på den måde. Hendes forældre havde masser af penge og hun var vant til at få alt, hvad hun pegede på. Måske var det derfor det stod så skidt til med hendes forståelse for andre menneskers situation, men det var bare så typisk for Josefine, når hun var vokset op med, at man bare kunne betale sig fra alt.

"Jamen, hvis jeg så ellers har alles opmærksomhed, så vil jeg præsentere emnet for den stil, I skal kreere og jeg kan allerede ved at løfte mit blik ud over jeres opvakte små ansigter, se spændingen glimte længselsfuldt i jeres tindrende øjne. I har også god tid, for den skal først afleveres efter juleferien."

"Helt ærligt Thomsen, skal vi så have lektier for i juleferien," lød det opgivende fra Claus.

"Nu står det jo enhver frit for at få lavet lektierne inden ferien starter, så det er bare endnu en motivationsfaktor for at komme i gang med det samme min fine herre."

"Hva'for en faktor?"

"Motivationsfaktoren, du ved drivkraften der skal ende med at sætte en hue på dit forhåbentlig kløgtige hoved, hvis du ellers kunne samle dig sammen til at slå lyttebøfferne ud og klappe kaje."

Latteren bredte sig i klassen over Thomsens sprogbrug.

"Nå, men tilbage til emnet for stilen. I har sådan set ret frie hænder, dog med den lille bitte spidsfindighed, at stilen skal indeholde et element af metaforer, krydres i en eventyrgenre og temaet skal tage udgangspunkt i nogle af jeres egne smukke, underholdende eller sørgmodige livserfaringer."

"Metaforer og eventyr, tak for kaffe," lød det nedslående fra Claus.

"Nu ikke græde over spildt mælk, unge mand."

16

Igen var der spredt latter i klassen og Ali dunkede Claus i ryggen, mens han samtidig smilede indsmigrende til Camilla, som han uden held havde flirtet kraftigt med de sidste uger og det eneste han fik ud af sit smil, var en fuck-finger gemt bag ryggen på Josefine.

Clara var træt, sulten og udmattet og havde ingen anelse om, hvad hun dog skulle skrive om. Det eneste opløftende var, at hun nu i det mindste havde noget at foretage sig i juleferien. Selvfølgelig hjalp det også, at hun havde noget ordentligt at skrive på. Hun var evig taknemmelig for, at hendes mormor i sit testamente havde bedt tante Olga sørge for, at hun både fik en bærbar PC og en mobiltelefon, da hun skulle starte i gymnasiet. Og der var også sørget for, at mobilabonnementet blev betalt indtil hun fyldte 19 år og var færdig med gymnasiet. Det gav dog et lille skår i glæden, at hendes mor gang på gang hånede hende for, at hendes egen mor kun havde tænkt på Clara, men sin egen datter havde hun ikke efterladt så meget som en eneste krone. Igen fyldtes hun med sorg over tabet og måtte blinke kraftigt for at holde tårerne væk.

Thomsen messede videre, mens Claras tanker stadig hang ved mormoren. Dengang hun var lille og ked af det, så plejede hendes mormor at fortælle en opdigtet historie om en lille troldepige og på en eller anden måde fik hun flettet Clara ind i historien og oftest endte det med, at de begge klukkede af grin. Hun var så god til at digte disse små historier.

Hun undrede sig i stigende grad over, hvordan der dog kunne være så stor forskel på hendes mors og mormors personlighed. Var det ikke for de fysiske lighedstegn, så skulle man tro, de kom fra hver sin planet. Heldigvis følte Clara, at hun havde arvet sin mormors sind og forhåbentlig også forstand.

Resten af dagen forløb heldigvis roligt og da hun havde været nede med tomme flasker og købt rugbrød og den billigste leverpostej, så skyndte hun sig ind på sit værelse og åbnede sin PC. Hun havde lige fået en idé til sin stil og ville straks begynde at skrive, mens hun havde handlingen i hovedet.

Engang for længe, længe siden højt oppe i de norske fjelde. Helt deroppe hvor der bor trolde og alfer, var der en ganske lille troldepige. Hun var ikke en helt almindelig troldepige; hun var ikke som de andre. Lidt anderledes og også en smule ensom. Hun kom fra en troldefamilie, hvor alt ikke var som i andre troldefamilier. Der var ganske vist både en mor og en far og to små drengetrolde, men det med at være en familie, med alt det der nu hørte sig til, var ikke så vigtigt for moren og faren i hendes familie. Måske var det, fordi deres egne familier også havde været sådan en smule anderledes. Mon sådan noget kan gå i arv, tænkte den lille troldepige frygtsomt. Hun var nemlig en tænksom lille pige, der ofte var overladt til sig selv og sin egen lille verden. Hun fantaserede og drømte om, hvordan det mon ville være, hvis hun var vokset op i en helt anden troldefamilie. Sådan en hvor faren og moren ikke havde så travlt med at være sammen med de der trolde, der stod inde i mørket og lavede troldebrus. Hun vidste godt, at hun ikke måtte fortælle nogen, at der blev lavet troldebrus. Det var nemlig forbudt, havde de voksne strengt fortalt. Men hvordan kunne det så være, at de lavede det. Når det var forbudt altså. Og kunne man ikke komme i troldehullet, hvis det blev opdaget. Hun havde også set, hvad der skete, når troldene drak det der troldebrus. De blev helt underlige i hoderne. Nogle blev selvfølgelig ganske festlige, mens andre blev kede af det eller absolut skulle vise troldebøfferne overfor hinanden.

Hun lærte aldrig at blive klog på, hvorfor det med trolde-brusen var så spændende. Men spændende måtte det være, for når troldene havde taget den første tår, ja så var de nærmest fortryllet og måtte hele tiden hen til det mørke sted for at have mere. Hun kunne også se, at hendes egen mor og far blev underlige. Engang havde hun prøvet at spørge, om de ikke bare kunne være sådan en helt almindelig troldefamilie, men det forstod de ikke.

Tilfreds med sin start kastede Clara sig over matematik og engelsk lektierne, inden hun lukkede for PC'en og tilfreds med sin indsats puttede sig ned under dynen og træt lukkede sine øjne.

Kapitel 4.

Clara havde flere gange vendt tanken om at kontakte tante Olga for at høre, om hun kunne besøge hende nogle dage i juleferien, men det var kun blevet ved tankerne. Selvom det kunne være befriende for en gangs skyld at være den, der var gæst og blev opvartet med god hjemmelavet mad og hyggeligt selskab, så kunne hun alligevel ikke få sig til at forlade sin mor. Slet ikke i julen, hvor hendes mor så ville være nødt til at sidde helt mutters alene og formentlig bare ville drikke sig helt fra sans og samling. Det ville hun alligevel ikke byde hende og det gav også ligesom sig selv, for hun havde jo heller ikke penge til billetten.

Det var også pokkers, at hun ikke havde nogle penge selv og hun havde i lang tid kredset om nødvendigheden af at finde sig et eftermiddagsjob, hvis hun skulle have mulighed for at købe sig noget nyt tøj. Hun kunne næsten ikke passe sin vinterjakke og der var snart huller i alt hendes tøj. Hvis hun selv havde nogle penge, kunne hos også sikre sig, at der bare var et minimum af mad.

Problemet var igen hendes mor og hun kunne stadig føle flovheden fra dengang, hun havde arbejdet hos bageren og hendes mor flere gange var kommet fuld ind i butikken og havde forlangt at få penge af hende. Den dag hendes mor i vrede havde væltet et helt fad kager på gulvet, blev hendes sidste arbejdsdag, for lige da hun skulle til at gå, havde chefen kaldt hende ind på kontoret og sagt hende op. Han havde såmænd været flink nok, og havde da været ked af, at måtte fyre hende for han havde ellers været rigtig tilfreds med hendes arbejdsindsats, men som han sagde, så måtte hun jo forstå, at det gik ud over forretningen, når hendes mor opførte sig på den måde. Kunderne blev skræmt væk, og det kunne han ikke leve med. Nedslået og grædende havde hun forladt butikken og selvom hun forstod ejerens handlinger, følte hun bare at det var så helt igennem urimeligt, at hun skulle straffes for sin mors handlinger.

Så hun ville helst finde sig et job, hvor hendes mor ikke bare kunne komme rendende, men det ville nok blive vanskeligt. Måske hvis hun fandt noget i nabobyen, selvom det ville betyde, at hun måtte bruge noget tid på transport og det skulle helst ikke gå ud over lektielæsningen. På den anden side så slap hun jo også for, at pigerne fra klassen kom forbi. Hun magtede ikke, at der ikke var ordentlig mad at spise, og hun havde efterhånden helt opgivet at få sin mor til at forstå, at hun var nødt til at købe mad til dem. Det eneste hun havde fokus på var at købe øl, vin og snaps til sig selv og med de få penge fra hendes førtidspension, så rakte de jo ikke langt. Ja! det var det, hun ville gøre. Finde sig et job i nabobyen og hellere i dag end i morgen.

Og på den måde gik det til, at Clara efter ihærdig indsats fik job som afløser i en tøjbutik i nabobyen. Det havde også den fordel, at hun fik mulighed for at købe lidt nyt tøj med stor rabat og det ville bare blive trukket fra hendes løn. Det var kun det allermest nødvendige hun købte, så hun i det mindste kunne se ordentlig ud på arbejdet. Hun havde aldrig før løjet over for sin mor, men havde besluttet, at hun ikke ville fortælle om jobbet endnu. Derfor måtte hun også være meget diskret med det nye tøj, selvom hun var næsten sikker på, at hendes mor ikke havde begreb om, hvilket tøj hun havde. Hendes mor gik heller ikke op i, om hun var hjemme eller ej, så hun behøvede heller ikke at forklare, at hun kom senere hjem.

Clara havde travlt med både at passe lektier og arbejde og havde ikke meget fritid, men det gjorde ikke så meget. For en gangs skyld følte hun, at der var nogen, der var glade for hendes indsats. Hendes chef roste hende og hun var også begyndt at betjene kunderne. Der var stadig et problem med den manglende mad hjemme og hun ville ikke få sin første løn før i slutningen af december, så hun kunne ikke selv købe noget, men heldigvis var der ind imellem nogle af hendes kollegaer, der købte brød og kager, så lidt fik hun og ofte tilbød de hende, at hun kunne tage resterne med hjem, mens de smilede sagde, at hun trængte til at få lidt sul på kroppen. Men i dag havde der ikke været noget.

Sulten og træt var hun næsten nået helt hjem, da hun hørte høj musik og hun skulle ikke bruge mange gæt på at finde ud af, hvor musikken kom fra. Flere af naboerne stod ophidset ude på trappen og bankede på døren ind til deres lejlighed, hvor tonerne fra Wham's Last Christmas tordnede ud af lejligheden og fyldte hele opgangen.

"Nå, endelig, så kan vi måske få noget ro," lød det fra hr. Jensen, så snart han så hende.

"Det kan altså ikke blive ved på den måde, det skulle meldes til politiet eller kommunen," istemte den ældre dame fra 2. Sal, som hun ikke kunne huske navnet på.

"Undskyld, men må jeg lige komme forbi," sagde Clara med nedbøjet blik, mens hun forsøgte at nå hen til døren.

"Ja, hvis du ellers vil være så venlig at forklare din mor, at der faktisk findes en husorden. Og det er jo ligesom ikke første gang, hun spiller så højt," fortsatte hr. Jensen.

"Så, så, lad nu den stakkels pige være, hun kan jo ikke gøre for, at hendes mor drikker sig fuld hver eneste dag," glattede fru Jensen ud, mens hun sendte Clara et halvt smil.

Clara undskyldte igen og fik kantet sig hen til hoveddøren og skyndte sig indenfor, hvor hun hurtigt fik slukket for musikken. Hendes mor lå sanseløs beruset på sofaen og reagerede overhovedet ikke, da den øredøvende larm stoppede. Hun lod hende ligge og gik ud i køkkenet, hvor der til alt held stadig var et stykke rugbrød og den sidste rest leverpostej, som hun sulten slugte, inden hun listede ind på sit værelse.

Tonerne af Last Christmas ringede stadig for hendes ører og hun frygtede, hvordan julen skulle gå. Den tid på året hvor man gerne skulle hygge sig med sin familie. Det var næsten ikke til at bære at tænke på. Hendes mor var uden for rækkevidde, hendes far kendte hun ikke og hendes elskede mormor var død. Der skulle ikke stor fantasi til at forestille sig, hvordan hendes jul ville blive.

For ikke at synke helt ned i selvmedlidenhed besluttede hun sig for at drømme sig lidt ind i sin stil.

Faktisk var der kun en gang om året, hvor hendes troldefamilie var rigtig sammen og hyggede sig som andre troldefamilier. Det var ellers på den allermørkeste tid af året og der, hvor sneen stod højest. Det var en højtid, som nogle af troldene kaldte jul. Der var ingen der skændtes eller sagde grimme troldeord til hinanden. Troldefar lagde stor vægt på, at der om morgenen på den største juledag var puttet troldeguf i troldeungernes sok, som de havde hængt op om aftenen. Det var bare om at finde en rigtig stor sok uden hul. Troldefar fortalte, at det var den store, rare alf fra det højeste troldebjerg, der kom om natten og lagde noget i sokken til de troldeunger, der havde været søde. Men vi vidste nu godt, at det var troldefar selv, der legede den rare alf. Engang glemte alfen nemlig at komme på sådan en juledag og troldefar, der havde festet om aftenen med troldemor og de andre fra mørket, græd, da vi spurgte ham, om han troede, at alfen syntes, at vi havde opført os dårligt. Senere kom alfen nu alligevel og puttede troldeguf i sokkerne, men det var nu ikke det samme som, hvis det havde været om morgenen. Fortryllelsen over sokken var ligesom forsvundet lidt og troldeguffet havde ikke helt den samme smag.

Kapitel 5.

Clara havde svært ved at falde i søvn og lå og spekulerede på, hvordan det kunne være, at hendes mor var endt med at blive så helt og aldeles ligeglad med både sig selv og sin eneste datter. Det var så mærkeligt, at hun i den grad lod sig styre af sit misbrug og ikke havde tilstrækkelig klare øjeblikke til at se, at hun var hel gal på den. Men det måtte jo stoppe på et eller anden tidspunkt. Det kunne ikke blive ved med at gå på den her måde, hvor hun drak sig fra sans og samling og spillede så høj musik, at naboerne blev forstyrret. Hvis ikke de allerede havde klaget til boligselskabet, så kunne det kun være et spørgsmål om tid inden det skete. Og hvad ville der så ske med dem. Hvor skulle de bo, hvis de blev smidt ud af lejligheden. Bare hun havde nogen, der kunne have hjulpet dem, men det var som om, hun bare var helt alene i verden.

Hvileløst vendte og drejede hun sig uroligt i sengen. Søvnen ville stadig ikke rigtig indfinde sig, så hun kunne lige så godt skrive lidt mere på stilen.

Nogle gange da vi troldeunger var helt små, så kunne troldefar godt fortælle en historie om den farlige trold med tryllekæppen, som reddede ham fra alle mulige farer på hans færd. Hvem der bare havde sådan en tryllekæp. Troldefaren var nu ganske god til at fortælle historien og han havde selv fundet på den. Nogle gange kunne trol-

demor nu også hygge med hjemmelavede troldehjerter med smørklat og sukker. Men det var alt sammen før troldebrusen blev så spændende.

Clara lukkede igen for PC'en og lagde sig med lukkede øjne og tænkte på sin mormor, der havde været så god til at fortælle historier. Med sine små fortællinger kunne hun få følelsen af at være anderledes til at forsvinde som dug for solen. Hun sendte hende en taknemmelig tanke for at have leveret disse mange små historier, som hun nu kunne bygge ind i sin stil. Samtidig gav de hende en smule trøst, da hun forestillede sig, at det var hendes mormor, der fødte ideerne til historien i hendes hoved, så hun kunne sammenstykke dem med de ting, hun oplevede i dagligdagen. Det blev lidt som at skrive dagbog, men bare på en anden måde, end man normalt skrev dagbog på. Her kunne hun gemme sig lidt bag troldepigen.

Lige da søvnen var ved at lægge sin bløde dyne over hende, bippede hendes mobil. Hun satte sig med et sæt op i sengen, for bippet kom fra hendes Facebook profil, som hun yderst sjældent var inde på. Hvem i himlens navn skrev noget på hendes profil. Hun skyndte sig ind på siden og var ved at tabe telefonen, da hun så, at en ukendt profil havde lagt et nøgenbillede af hende på sin egen profil og tagget hende. Men hvordan kunne det overhovedet lade sig gøre, for hun var stensikker på, at der ikke fandtes et eneste nøgenbillede af hende. Hun zoomede ind og kunne se, at det slet ikke var hendes krop, så nogen måtte have sat hendes ansigt på en andens krop. Hvor var det bare tarveligt og usmageligt. Hvem fandt dog på sådan noget.

Clara mærkede tårerne presse sig på, lagde telefonen fra sig og puttede sig langt ned under dynen. Hvem havde så stort et behov for at genere hende og hvor usselt var det, at gemme sig bag en anonym profil. Var der ikke noget med, at hun kunne slette billedet. Åh, hun var virkelig en klovn til Facebook og vidste ikke rigtig noget om, hvordan man fjernede uønskede opslag.

Kort tid efter startede en række hidsige bip fra mobilen og til sidst kunne hun ikke ignorere det mere. Hun åbnede profilen igen og kunne nu se, at der var en stribe klamme kommentarer både fra nogle klassekammerater fra folkeskolen, en del fra gymnasiet og en hel masse hun overhovedet ikke kendte. Særlig Josefine og Camilla havde travlt med de mest nedrige kommentarer. Og mange havde allerede delt opslaget, så nu kunne det nok ikke engang lade sig gøre at slette det.

Clara var tæt på at skrive en kommentar om, at det slet ikke var et billede af hende, men hun ombestemte sig til sidst, da hun regnede med, at det hele bare ville blive meget værre, hvis hun blandede sig i kommentarerne. Det bedste var nok at tie det ihjel og lade som om, hun slet ikke havde set det.

Nedtrykt lagde hun telefonen fra sig og trak dynen tæt op om ørerne. Hun forstod ikke, hvad der fik nogen til at have dette behov for at ydmyge andre. Hvad havde hun gjort, siden hun hele tiden skulle være offer for andres dårlige sider. En ting var, at hendes egen mor syntes, hun var en belastning og åbenbart også var endt med at være direkte uønsket, men værre var det, hvis alle omkring hende nu også havde behov for at nedgøre hende. Hun passede jo bare sig selv og forsøgte at gøre sig så usynlig som muligt. Hvorfor blev hun så mødt med dette had fra andre. Ikke engang hendes egen mor kunne holde hende ud. Og snart kunne hun ikke selv holde det ud mere. Det var grænser for, hvad et enkelt menneske kunne klare.

Puden var blevet helt våd af de salte tårer, så Clara vendte den om og tvang tankerne ind i sin lille historie om troldepigen. Tænk hvis der virkelig fandtes sådan en magisk tryllekæp. Hun vidste godt, hvad hun ville gøre, hvis

27

hun fik fingrene i sådan en. Så ville hun med det samme trylle al fortræd væk i hele verden. Der skete så mange frygtelige ting med krige, terror og mishandling af både børn og voksne. Uforståelige ting der skabte angst og rædsel overalt på jordkloden. Hvordan kunne man være sikker på, at man ikke selv en dag var et sted, hvor der kunne opstå skyderier. Selv på skoler og gader skete der sådanne ting. Hun gøs ved tanken om de frygtelige skyderier, der havde været på den lille ø Utøya, hvor en enkelt sindsyg mand, havde dræbt så mange unge mennesker. Det ville være så fantastisk, hvis verden i stedet var et fredfyldt og kærligt sted, hvor alle mennesker tog hånd om hinanden og var glade og lykkelige. Hun begyndte at forstå, hvorfor nogle mennesker, der levede i konstant frygt og magtesløshed fandt tilværelsen så svær, at de syntes deres eneste løsning var at tage livet af sig selv.

Straks kom hun til at tænke på Charlotte fra 9B, der var blevet chikaneret groft, siden det var blevet kendt, at hendes mor havde den der massageklinik i et lille hus uden for byen. Først havde hun i lang tid forsøgt at forsvare sin mor og fortalt, at det altså var helt almindelig sportsmassage, men jo oftere hun forsvarede det, jo større blev historierne om, at hendes mor bare var en beskidt luder, der prøvede at dække sig ind under at være sportsmassør. Til sidst var det blevet for meget for Charlotte. Efter en fest, var nogle af drengene blevet fulde og havde slæbt hende med ned i en kælder, hvor de havde flået tøjet af hende og gramset overalt på hende. En af drengene voldtog hende, mens de andre holdt hende fast. Bagefter gik hun direkte derfra og kastede sig ud foran et tog. Det havde været så forfærdeligt og sandheden var kun kommet frem, fordi en af drengene havde haft det så dårligt med det, at han var gået til politiet og havde fortalt det hele. Og det værste var i virkeligheden, at det kun var onde rygter for der foregik intet unormalt eller usædeligt på massageklinikken. Det kom også frem, at Charlotte aldrig havde fortalt sin mor om disse rygter. Da hendes mor fandt ud af det, var hun først gået helt ned med flaget, men bagefter havde hun fået lokalavisen til at skrive en artikel om mobning og de forfærdelige følger, det kunne få. Hun håbede, at hendes datters død ikke var forgæves og opfordrede alle til at stoppe mobning.

Clara havde fået helt ondt i maven og håbede bare, at ingen kunne drive hende så langt ud med deres mobning, at hun til sidst valgte at sige farvel til livet. Hun elskede at leve og det var jo også derfor, hun kæmpede sådan med skolen. Hun ville have en ordentlig uddannelse og et godt job, så hun kunne klare sig selv og give sine egne børn nogle bedre muligheder, end dem hun selv var blevet budt.

Kapitel 6.

C lara var utrolig træt, da hun vågnede om morgenen. Hun kunne se på mobilen, at der var dukket flere kommentarer op på Facebook i løbet af natten og hun turde dårligt gå ind og læse dem. På den anden side var det bedre at vide, hvordan det stod til, så hun var forberedt.

Med rystende hænder trykkede hun sig ind på sin profil og måtte blot konstatere, at der næsten ikke var grænser for, hvad hun blev kaldt. Beskidte luder hørte til de milde skældsord og der var kommentarer fra alle mulige, hun ikke anede hvem var. Helt nederst var en kommentar fra Alonzo, der var en stille dreng fra hendes klasse, som ikke rigtig gjorde sig bemærket og holdt sig for sig selv. Han havde blot skrevet *Slap dog af, enhver med lidt forstand kan jo se, at der er tale om photoshop.* Det havde åbenbart sat et punktum for flere kommentarer. Hun havde lyst til at skrive tak til ham, men så ville hun jo indrømme, at hun havde set det. Men det gjorde måske heller ikke så meget nu, hvor det var blevet tydeligt, at det ikke var et billede af hende. På den anden side, så ville hun hellere sige det til ham direkte.

Clara fløj ud af sengen, da hun opdagede, hvor mange klokken var blevet. Hun skyndte sig i bad og krydsede fingre for, at hendes mor ikke ville vågne og forsinke hende yderligere. Der var ikke tid til at spise morgenmad, og det var jo for en gangs skyld fint, da der alligevel ikke var noget mad. Hun ville sådan ønske, at hendes eget gymnasium ville uddele gratis havregrød om morgenen, ligesom nogle andre gymnasier gjorde. Et ordentligt morgenmåltid ville hjælpe rigtig meget på, hvordan koncentrationen i undervisningen var. Hun havde i hvert fald læst, at der var undersøgelser, der viste, at man lærte mere, hvis man havde fået en sund morgenmad.

Heldigvis nåede Clara ud af døren med sine ting uden, at hendes mor var vågnet. I løbet af natten må hun være vågnet fra sin brandert og være gået i seng, for hun lå ikke længere på sofaen. Inden hun gik, havde hun lige kigget ind til hende, blot for at sikre sig, at hun var i live. Hun fik dog hurtigt lukket døren til soveværelset, da hun blev mødt af en tung lugt af gammelt sprut. Der fulgte sådan en kvalm, sødlig lugt med hendes mors drikkeri, der forpestede lejligheden, men værst var det selvfølgelig i soveværelset.

Det ville blive en lang dag, tænkte Clara, så hun håbede bare hun kunne samle energi til det hele. Først 8 lektioner i skolen og bagefter måtte hun skynde sig på arbejde, hvis hun skulle være der til tiden. Det var fredag, så hun havde også en lang vagt på arbejdet.

Josefine var heldigvis ikke i skole, så der var en helt anden og nærmest behagelig ro i klassen. Clara nød de få dage, hvor isdronningen, som hun i sit stille sind kaldte hende, ikke var der. Hun var simpelthen så styrende og selv pigegruppen faldt lidt fra hinanden, når Josefine ikke var der til at lede tropperne. Det var tydeligt at mærke på især Emma, at hun ikke havde det godt og hun nærmest undgik at se Clara i øjnene. Det var lige så soleklart, at alle i klassen var klar over den aktivitet, der havde været på Claras Facebook profil i løbet af natten, selvom ingen nævnte det med så meget som et enkelt ord. At Josefine ikke var i skole, bekræftede blot hendes mistanke om, at det måtte have været hende, der havde lavet den ukendte profil, som havde sat det hele i gang. Det var i hvert fald den eneste person, hun forestillede sig kunne finde på sådan noget.

I ti-frikvarteret tog hun mod til sig og fik hurtigt sagt tak til Alonzo. Han nikkede blot som svar og sendte hende et skævt smil. Varmen i hans øjne var dog ikke til at tage fejl af, og Clara undrede sig over, at hun ikke rigtig havde lagt mærke til ham før. Måske skyldtes det den enkle forklaring, at hun det meste af tiden gik rundt med nedslået blik og resten af tiden sad med næsen i bøgerne.

Clara kæmpede med trætheden og havde svært ved at koncentrere sig. Mavens rumlen var tydelig for alle omkring hende og hun håbede bare, at hun kunne holde energien oppe resten af dagen. Som ved et mirakel kom Helle ind i klassen efter spisefrikvarteret med en hjemmebagt drømmekage, som hun sendte rundt til alle. Dagen var reddet og Clare spiste sit stykke i små bidder, så det kunne holde længst muligt. Da timen sluttede og alle havde forladt klassen, så hun sit snit til at tage et ekstra stykke, som hun hurtigt pakkede ind i en serviet og gemte i sin taske. Hun følte sig som en ussel tyv, men hun var simpelthen så sulten og undskyldte sig med, at alle jo havde fået et stykke, så det gjorde nok ikke noget, at hun tog et ekstra stykke.

Da Clara endelig sad i toget på vej hjem fra arbejde sent om aftenen, kunne hun næsten ikke hænge sammen. Der havde været så travlt med kunder, der skulle købe julegaver og alt skulle pakkes fint ind. Hun kunne nu godt lide at pakke ind og drømte om, at det var gaver, hun selv skulle give væk. Gaver var ikke noget, hun selv var forvænt med. Faktisk havde hun kun fået gaver fra sin mormor og morfar og en enkelt gang til sin fødselsdag, havde hendes mor givet hende en fin kjole, men hun havde nu sin mormor mistænkt for at stå bag gaven.

Drømmerierne stoppede brat, da hun gik over vejen og så sin mor komme vaklende ud fra bodegaen, mens en vred mand råbte efter hende, at hun ikke skulle vise sig igen, før hun havde betalt sin regning. Hendes mor havde vendt sig og givet ham fuck-fingeren, mens hun snøvlende havde råbt, at han bare skulle lukke røven og skride ind til sin klamme luderkælling. Clara kunne ikke bære at følges med sin mor i den tilstand, så pinligt berørt skyndte hun sig ned af en sidegade og løb resten af vejen, så hun kunne nå hjem og ind på sit værelse, før moren kom hjem.

Hun havde kun lige lukket døren til sit værelse, da hun hørte moren fumle med at ramme nøglehullet, mens hun højlydt bandede og svovlede. Endelig kom hun ind og smækkede hårdt døren efter sig. Heldigvis vaklede hun direkte ind i soveværelset og smed sig tungt på sengen. Carla lå og lyttede et stykke tid, inden hun listede sig ud. Da hun havde sikret sig, at moren sov, lukkede hun stille døren til soveværelset, samlede morens frakke op og gik ud i køkkenet og lavede sig en kop te. Hun kunne ikke undgå at se rykkerbrevet fra boligselskabet i skraldespanden, da hun ville smide teposen ud. Nu havde hendes mor igen ikke betalt husleje, og pengene fra kommunen havde hun sikkert allerede drukket op.

Med en følelse af magtesløshed tog Clara teen med ind på sit værelse. Hun måtte foretage sig noget for, at holde vreden over morens ansvarsløshed under kontrol. Hun åbnede filen med sin stil og fortsatte historien.

Den lille troldepige var flyttet mange gange i sit unge liv. Derfor var det ikke så nemt at finde venner. Hver gang hun lige havde fundet en, ja så skulle de flytte igen. Det var nu mærkeligt. Hun kunne ikke rigtig forstå, at moren og faren kunne bruge troldegrunker på det der troldebrus, når der ikke var troldegrunker til pæne troldetøfler eller smart troldekluns, som de andre troldeunger havde.

Heller ikke til en ny tohjuler eller en troldeunge, der kunne sige noget. Hun ville så gerne være som de andre. Ofte sad hun der i troldehulen og ønskede sig så brændende, at hendes troldemor og troldefar måtte finde en masse grunker; så ville hendes verden nok blive helt anderledes. Hun vidste helt sikker, at hun ikke ville være som sine troldeforældre, når hun blev stor. Og hun ville i hvert fald ikke synes, at det der troldebrus kunne hjælpe hende.

Udmattet drak hun det sidste af teen, inden hun dejsede om på sengen og faldt i en dyb søvn.

Kapitel 7.

*E*n gang da troldefamilien igen var flyttet til et nyt troldehul med en lille bitte have, havde den lille troldepige fundet sit eget sted i haven, hvor hun kunne sidde og drømme om troldeprinser og prinsesser og en verden, der var lys og lykkelig. En dag da hun sad der lænet op ad det store, gamle træ og drømte, skrabede hun lidt med sin slidte troldetøffel i jorden. Pludselig stødte hun på noget hårdt. Nysgerrigt lænede hun sig frem og gravede forsigtig med hænderne rundt om den hårde ting. Det var hjørnet af en ganske lille æske, hun havde ramt. Varsomt tog hun den op i sine små hænder og børstede snavset af den. Den var ikke større, end den kunne ligge i hendes ene hånd. Hun kiggede undrende på den. Aldrig havde hun set så smuk en æske. Hun vendte og drejede den og sukkede ganske højlydt. Pludselig blev hun opmærksom på, om nogen mon havde set hende samle æsken op. En så fin ting måtte bestemt tilhøre nogen. Hun kiggede sig omkring, men var helt alene i haven. Helt overvældet lænede hun sig tilbage mod træet, mens hun undrende holdt den lille æske i hånden. Det føltes, som om træet ligefrem omfavnede og varmede hende. Meget mærkeligt, tænkte den lille troldepige. Og mere underligt blev det, da hun syntes, hun kunne høre en lyd inde fra stammen af det gamle træ. Skræmt flyttede hun sig fra træet og kiggede op. Sikke stort træet var. Enormt når man sådan stod og kiggede op i det. Fyldt

med en masse knudrede gamle grene blandet med nogle
tyndere friske grene og en masse små kviste og spæde
blade.

Clara vågnede helt omtumlet fra sin drøm ved larmen fra badeværelset og lydene af morens opkast fyldte hende med væmmelse og gav hende kvalme. Hun prøvede at vende sig om, men blev alligevel lidt urolig, da det lød mere voldsomt end det plejede. Hun lå lidt og lyttede, og da der med ét lød et ordentlig bump, skyndte hun sig op og løb ud på badeværelset, hvor hun fandt sin mor på gulvet i en pøl af blodig opkast.

"Åh, nej mor, altså. Hvad er der sket? "

"La' mig være, la' mig så for helvede være" snøvlede hun, inden en ny skylle opkast overmandede hende.

Clara så helt forskrækket på sin mor, der var helt oppustet og gul i ansigtet.

"Du kaster jo blod op, mor. Det kan være farligt. Kom sæt dig lige op, så henter jeg lidt vand."

Clara skyndte sig ud efter et glas vand, men kunne ikke få sin mor til at drikke noget og det var umuligt at få hende til at sidde op. Clara mærkede panikken brede sig og stirrede opgivende på sin mor, der virkede helt omtåget og bare lå der helt sammenkrummet på gulvet og klynkede.

"Mor, kom nu op med dig," græd Clara, mens hun prøvede at få moren op at sidde.

Der var bræk og blod ud over toilettet og gulvet og morens tøj var smurt ind i det. Det stank så helt forfærdeligt at Clara var nødt til at få åbnet nogle vinduer i lejligheden, så der kunne blive luftet ud. Hun løb tilbage til badeværelset, hvor det nu var tydeligt, at hendes mor også havde skidt i bukserne.

Clara tog sig forfærdet til hovedet og følte sig fuldstændig magtesløs. I det samme ringede det på døren og med en velkommen lettelse, styrtede hun hen for at lukke op. Udenfor stod postbuddet med et anbefalet brev i hånden.

"Du ser da ikke helt frisk ud, er der noget galt?" spurgte postbuddet.

"Det er min mor, hun har det virkelig dårligt, jeg ved ikke, hvad jeg skal gøre," hulkede Clara.

"Men dog, hvad er der i vejen med hende?"

"Det ved jeg ikke, men hun er altså virkelig dårlig og jeg er bare så bange."

"Er du alene hjemme?"

"Ja, vi bor her alene. Åh altså, jeg ved ikke hvad jeg skal gøre," hulkede hun.

"Skal jeg ikke lige komme ind og hjælpe dig?"

Clara flyttede sig og viste vej ud på badeværelset, hvor postbuddet med forfærdelse stirrede på hendes mor. Stanken overmandede ham, så han nåede lige at få hovedet hen over toilettet, inden han kastede op.

"Ring efter en ambulance," fik han lige fremstammet, mens han skyllede munden under vandhanen.

Hun skyndte sig ind på værelset efter sin mobil og fik ringet 112 og i løbet af kort tid kunne de høre udrykningen fra ambulancen. Heldigvis var postbuddet kommet til sig selv igen, men ingen af dem kunne holde ud at være på badeværelset.

Ambulancefolkene kom op ad trappen med en båre og Clara viste dem ud på badeværelset, hvor de hurtigt gik i gang med at undersøge hendes mor, mens Clara stod uden for døren og kunne høre, hvordan de gentagne gange prøvede at komme i kontakt med hende.

"Har din mor fået noget at drikke i går?"

"Ja, hun var vist ret fuld?"

"Okay, er det første gang, det er sket?"

"Nej, hun er fuld næsten hver dag, men hun plejer ikke at kaste blod op. Er hun ved at dø?" græd Clara.

37

"Nej, det var godt du ringede efter os. Nu tager vi hende med til Køge Sygehus og så skal hun nok blive frisk igen."

"Men er det sikkert, at hun ikke dør?"

Postbuddet, der havde fået sin normale ansigtskulør tilbage kom hen og lagde armen om skulderen på hende.

"Kom kan du ikke vise mig køkkenet, så kan jeg lige lave en kop te til dig?"

"Men hvad med min mor," spurgte hun ambulancefolkene.

"Gå du bare ind og få en kop te. Vi skal nok tage os af din mor. Du kan alligevel ikke rigtig gøre noget for hende lige nu. Hun har brug for at få alkoholen ud af kroppen og få noget ordentligt mad og væske. Og så skal vi lige have sikret os, at hun ikke har slået sig, da hun faldt på gulvet. Prøv du bare på at få slappet lidt af og så kan du ringe til sygehuset lidt senere og høre, hvordan det går og hvornår hun er i stand til at få besøg."

Da de åbnede døren og bar båren med moren ud, kunne hun se de nysgerrige naboer stå og glo på trappen.

"Kan vi lige få plads til at komme ud," sagde den ene ambulancefører, mens de kantede båren rundt på vej ud af døren.

Snart hørte de udrykningen og så ambulancen køre derfra i høj fart. Postbuddet havde lavet en kop te til hende og tilbød også at hjælpe med at få ordnet badeværelset, men det afslog Clara. Hun forklarede, at det havde hun så tit gjort, så det skulle hun nok klare. Hun så lettelsen glide over hans ansigt, da han slog sig på lårene og sagde, at han så hellere måtte komme videre på sin rute. Hun tog imod det anbefalede brev, som formentlig også bare var en rykker.

Hun åbnede alle vinduer i lejligheden og med et tørklæde for mund og næse gik hun i gang med at skovle bræk op med fejebakken og bagefter spulede hun hele badeværelset. Til sidst vaskede hun det hele efter med en ordentlig sjat Ajax i vaskevandet, så hun kunne få fjernet den værste lugt, inden hun selv stillede sig under bruseren og lod det varme vand omslutte sin spinkle krop.

Efter badet gik hun rastløst rundt i lejligheden. Hun havde rigtig mange lektier for, men der var for mange tanker, der for rundt i hovedet på hende til at hun kunne koncentrere sig. Til sidst gik hun modvilligt ind i morens soveværelse og ledte efter hendes taske for at se, om der skulle være nogle penge. De var nødt til at få noget ordentlig mad begge to. Overrasket fandt hun i bunden af tasken under en halvtom snapseflaske en krøllet 200 krone seddel, som hun tog.

Da hun låste hoveddøren, kunne hun høre, hvordan naboens dør blev åbnet på klem.

"Hvad var der galt med din mor," spurgte den nysgerrige hr. Jensen.

"Ikke noget," fik hun mumlet, inden hun løb ned af trappen.

Ude på gaden blev hun igen overmandet af angst for, hvordan både hun og hendes mor skulle klare sig og i stedet for at gå ned i supermarkedet løb hun ned til bussen og kørte ud til kirkegården.

Der var ikke andre, der skulle af ved stoppestedet og hun flygtede nærmest ud af bussen og gik i rask trav hen til mormorens grav, hvor hun lod roen indfinde sig, mens hun kiggede på de fint arrangerede grangrene og julerosen, som hendes mormor var så glad for.

Kapitel 8.

M ens Clara stod der og kiggede på mormorens grav, kom hun i tanke om den drøm, hun havde haft om natten. Det var som om hendes stil, var begyndt sit eget liv. Hun vidste ikke rigtigt, om den egentlig levede op til Thomsens krav om metaforer, men den var da i det mindste i eventyrgenren og der var i høj grad elementer fra hendes egne livserfaringer med. Selvom hun ikke kendte sin far eller havde nogen søskende, så syntes hun, at det var vigtigt, at der var en hel familie med både en mor, far og søskende i hendes historie. Hun havde vel også lov til at flette lidt drømmetænkning ind i sin stil. Nogle gange følte hun sig så frygtelig alene og anderledes og forestillede sig, hvordan det måtte være at bo i sådan en helt almindelig familie, hvor man passede på hinanden og havde gode traditioner.

Det lykkedes hende at finde tråden fra drømmen og fortsatte historien, mens hun forestillede sig, at hun fortalte den til sin mormor.

I sin forundring nærmede hun sig igen træets stamme. Denne gang var hun lidt mere modig og lagde øret til stammen for rigtig at høre efter, om det virkelig talte til hende. Mens hun stod der og lyttede, fik hun sådan en uforklarlig trang til at kravle op i træet. Hun havde mange overvejelser. Det var jo et ganske stort træ, måske var det farligt, kunne hun komme ned igen. Og hvad med den dyrebare æske. Den kunne hun ikke lægge fra sig. Hun vandrede langsomt rundt om træet og på bagsiden var det pludselig som om, der var nogle buler på træet, som hun ikke havde set før. Hun puttede hurtigt den lille æske ind under troldeklunset og tog fat om en gren, der hang lidt lavt. Satte forsigtig den ene troldefusse på den første bule og den anden fusse på den næste bule. Inden hun så sig om, var hun pludselig kommet et stykke op i træet. Hun havde haft så travlt med at se, hvor hun satte sine troldefusser, at hun slet ikke havde lagt mærke til, at haven så helt anderledes ud fra træet. Igen sukkede hun højlydt over al den skønhed, der fandtes heroppe. Hvordan kunne det være så anderledes, når hun vidste, at det jo var det samme, der var nede på jorden.

Den ene tunge regndråbe efter den anden trommede med ét ned i hovedet på Clara. Hun kiggede op og så de store, tunge blygrå skyer, der i hastig fart trak sammen fra det fjerne og nærmede sig kirkegården. De så ud til at indeholde en mega regnskylle, så Carla søgte hurtigt hen til bænken i den lille krog, hvor hun kunne sidde i læ op ad muren. Med regnen fulgte også en isnende kulde, så hun krøb helt sammen i hjørnet, hvor regnen ikke kunne nå hende.

Hun fulgte nøje skyernes hastige vandring hen over himlen og jo tættere de kom, jo koldere blev det. Regnen ændrede sig først til slud og bagefter kom de fineste små snefnug, der lagde sig som et blidt tæppe ud over de mange grave. Det så så smukt ud. Nærmest som et af de gamle julekort, hendes mormor plejede at få. Carla skuttede sig og fortrød, at hun ikke havde taget mere tøj på. Hun trak benene op under sig og foldede armene rundt om dem, mens hun lod hovedet hvile på knæene.

Hun havde svært ved at få morgenens oplevelser ud af kroppen og særlig billedet af sin mor, som hun lå der på gulvet helt indsmurt i sit eget blodige opkast, havde brændt sig fast på indersiden af nethinden. Spørgsmålene tårnede sig op og fyldte hende med bange anelser. Hvor længe skulle hendes mor være indlagt, hvad med huslejen der ikke var betalt, skulle hun være alene i julen og hvad skulle der i det hele tage blive af dem. Hvorfor var der ikke en voksen, der kunne hjælpe hende. Hun frøs og vidste godt, at hun burde se at komme tilbage og få købt noget mad, men hun følte sig så træt, at hun lige ville sidde lidt længere og kigge på sneen. Tårerne indfandt sig igen og hun ønskede, at hun kunne trylle sin mormors varme, trygge favn op af graven. Hendes mormor ville helt klart kunne have givet hende de fornuftige svar på hendes spørgsmål. Med sin handlekraft ville hun have vidst, hvordan sagerne skulle gribes an. Det var nok heller ikke kommet så vidt med hendes mor, hvis bare hendes mormor stadig havde været her. Clara mærkede tyngden af ansvar på sine små skuldre blande sig med frustrationen over, at hun var tvunget til at være den voksne. Det var da vel for pokker hendes mor, der burde have ansvar for sin datter og ikke omvendt.

Hun lod tankerne bevæge sig bagud til dengang hun var en lille pige og holdt ferie i sin mormor og morfars lille sommerhus. Der langt ude på landet, havde der været en nærmest idyllisk fredfyldthed med varme sommerdage og køerne, der græssede på marken. Nabogården solgte æg og frisklavet smør og tyk fløde. De havde selv jordbær i haven og bagerst ud mod markerne, stod både hindbær og stikkelsbær. Det mest bemærkelsesværdige i den dejlige have var nu alligevel det fuldstændig fantastiske og kæmpe store æbletræ, der stod midt i haven. Aldrig siden havde hun set så stort et æbletræ. Hvor havde de tit leget gemmeleg og ofte havde hun gemt sig på bagsiden af træet, der med sin tykke stamme kunne skjule hende helt og træet var så stort, at man kunne kravle op i det og gemme sig. Æblerne var en oplevelse helt for sig selv. De var røde og sprængfyldt med den sødeste saft, der dryppede ned af hagen, når man tog en bid af det sprøde kød. Det var som om, det var helt fyldt af sommerens sol og varme og man kunne kun blive glad, når man stod der med vægten af æblet i hånden og følte på det bløde skind, mens man ventede på at sætte tænderne i den første bid, der smagte som de allersødeste hindbær. Og på regnvejrsdage om efteråret, havde mormor gemt nogle æbler til æblekage med et ordentlig lag flødeskum, som hun serverede med et stort krus hjemmelavet kakao. Åh, ja, det var tider dengang for så længe siden og hun havde sådan nydt ferierne i sommerhuset, lige indtil mormor nogle år efter morfars død havde været nødt til at skille sig af med det.

Clara kiggede ud på sneen, der stadig dalede smukt ned på mormors grav og næsten havde dækket grangrenene helt. Julerosen stod dog stadig nok så stolt og nikkede med sit smukke hvide hoved på samme måde, som hendes mormor altid formåede at holde hovedet højt løftet. Det var Clara selv, der havde plantet den lige efter mormors urne var sat ned. Som noget af det sidste inden hun døde, havde hun givet Clara en kuvert med penge og bedt hende sørge for at sætte en julerose på hendes grav og lægge nogle forårsløg, så der var noget pænt at kigge på både i de kolde vintermåneder og når foråret kom med sine klare farver og gav fornyet energi til livet. Mormor elskede livet og årstidernes forskelligheder med det spæde forår, den varme sommer, det farverige efterår og vinterens klare frostdage.

Hvordan kunne to så fantastiske og positive mennesker som hendes mormor og morfar være endt med at få en datter, der var så negativ, vred og utilfreds som hendes mor. Hvordan kunne hendes mor med de forældre overhovedet være bekendt at opføre sig så uansvarligt til stor sorg for alle.

Clara klamrede sig til de lykkelige barndomsminder om ferierne i sommerhuset og omsider slappede hun lidt af, mens hun forsøgte at holde varmen og ikke lang tid efter faldt hun i søvn på bænken, ensom, utryg og kold.

Kapitel 9.

A lonzo vandrede som så ofte før alene rundt på kirkegården. Han havde det bedst på steder, hvor han kunne være helt alene og fri for sin families mange problemer. Selvfølgelig elskede han sin familie, men til tider var det for hårdt at se, hvordan de kæmpede med deres forskellige bekymringer. Det var nok kun et spørgsmål om tid, før de igen måtte flytte, så han orkede ikke at opbygge nye venskaber. Hver gang han havde fundet et ny ven, havde han mistet ham på den ene eller anden måde. Værst havde det selvfølgelig været dengang for længe siden, da han havde mistet Martin. Det havde været så frygtelig. En helt forfærdelig jul for så mange mennesker hele verden over. Martin havde været med sin familie på sin allerførste ferie til udlandet og valget var faldet på Thailand. Han havde glædet sig afsindigt til rejsen i flere måneder. Men glæden blev kun ganske kort, for tsunamien havde knust ham med sin enorme kraft. Alonzo gyste ved tanken, selvom det var vanskeligt helt at sætte sig ind i, hvordan det måtte have været at stå der over for sådanne voldsomme naturkræfter. Og fjernsynet viste nærmest non stop filmoptagelser med døde mennesker, der flød rundt i vandet eller grædende mennesker, der løb rundt og ledte efter savnede familiemedlemmer.

Frygt havde været en fast følgesvend i Alonzo's familie og det var blusset kraftigt op her i den sidste tid med alle de flygtninge fra Syrien, der på samme måde som hans forældre, havde været nødt til at forlade deres hjemland for at finde et sted til deres børn, der ikke dagligt blev udsat for bomber, skyderier og voldtægter. Hans mor var aldrig rigtig kommet sig oven på deres egen flugt og led af tilbagevendende angst og depressioner. Det gjorde det heller ikke nemmere, at hun ikke havde lært det danske sprog ordentligt. Hans far var uddannet lærer, men det havde ikke været nemt for ham at finde job i Danmark, hvor han kunne bruge sin uddannelse og de sidste mange år, havde han kørt taxa.

Alonzo blev helt trist over sin families vilkår, men i hvert fald kunne han glæde sig over, at forældrene trods deres mange sår havde formået at give både ham selv og hans to mindre søskende et kærligt hjem. De satte en stor ære i at være selvhjulpne og ønskede at klare sig selv, så de ikke lå det danske velfærdssystem til last. De ville ikke være en del af den skræmmende statistik, der ofte blev fremhævet i medierne om, at udlændinge enten lod sig forsørge af den danske stat eller var kriminelle. De var stolte mennesker, der lagde vægt på, at deres børn var velopdragne og ambitiøse og viste det gennem en taknemmelighed over for det land, der så venligt havde taget imod dem.

Derfor var det også vigtigt for ham at komme hurtigt igennem uddannelsessystemet, så han kunne få et vellønnet job og hjælpe sine forældre økonomisk. Selvom han var dygtig i skolen, så kunne det til tider være svært at nå både lektier, eftermiddagsjob og at hjælpe til derhjemme, så han var glad for, at hans karaktergennemsnit kunne forhøjes, hvis han gik direkte fra gymnasiet til universitetet.

Et hurtigt kig på skyerne over ham og den tiltagende regn og sne fik ham til at søge ind mod kirkens mur. Han vidste, at der var en lille bænk på den anden side og hvis han skyndte sig, kunne han søge dækning der, indtil bygerne stoppede. Han småløb i sine tynde kondisko, mens han skærmede for øjnene med den ene hånd og så lige i sidste øjeblik, at der sad en pige på bænken, der var krummet helt sammen. Han satte sig forsigtig ved siden af og lagde en hånd på hendes skulder.

"Undskyld, er du ok?"

Clara vågnede forskrækket op og stirrede ind i Alonzo's brune øjne, hvorefter hun hulkende brød sammen.

"Er det dig, Clara. Men hvorfor sidder du dog her i kulden og sover? Hvad er der sket?"

Hun frøs så tænderne klaprede og hun rystede over det hele, så han satte sig tættere på hende og lagde en arm om skulderen på hende, mens han prøvede at varme hende lidt.

"Kom, fortæl mig hvad du er ked af. Det hjælper ofte lidt, når man får talt om tingene."

"Det er min mor," sagde hun med rystende stemme.

"Din mor, hvad er der med hende?"

"Det er helt galt med hende. Jeg fandt hende i morges og jeg har aldrig set hende så dårlig før, og nu er hun på sygehuset."

"Hvad mener du med, at du fandt hende?"

"Hun var faldet på badeværelset."

"Åh, det lyder jo ikke så rart. Er hun kommet slemt til skade?"

"Det ved jeg ikke."

"Jamen, var det ikke dig, der fandt hende?"

"Jo, men det er ikke det hele. Du må da have hørt det alle andre i klassen snakker om."

"Nu bliver jeg en smule forvirret. Jeg snakker jo ikke så meget med de andre, så jeg er ikke helt klar over, hvad du mener. Hvad har det med din mor at gøre?"

"Min mor drikker rigtig meget og nu ved jeg ikke, om hun dør," hulkede Clara.

"Så, så, tag det nu helt roligt og fortæl mig det hele fra starten. Altså du fandt din mor på badeværelset og hvad skete der så?"

"Hun havde kastet op ud over det hele, og der var blod og det lugtede, og så kom postbuddet og jeg ringede efter ambulancen og så kørte de hende på sygehuset."

"Og har du så været henne på sygehuset?"

"Nej, de sagde at jeg skulle ringe senere og høre hvornår, jeg kunne besøge hende."

"Men hvorfor sidder du så her?"

"Min mormor ligger begravet her, så jeg tager nogle gange herud og snakker med hende. Nu synes du vel, at jeg er virkelig mærkelig."

"Nej, du er overhovedet ikke mærkelig Clara. Jeg kommer her faktisk tit selv. Ikke fordi jeg kender nogen, der ligger begravet her. Jeg kan bare godt lide den fred og orden, der er på kirkegårde."

Clara satte sig rigtigt op og kiggede ud på himlen, hvor snebygerne nu var vandret videre til den næste by. Hun rystede stadig af kulde og gned sig på armene.

"Kom, du er helt gennemfrossen. Tør øjnene og lad os tage bussen hen til en café, så du kan få en kop varm te eller kakao."

"Det er sødt af dig, men jeg har altså ikke råd til at gå på café."

"Nej, men nu er det altså også mig, der inviterer, så det skal du ikke spekulere på. Jeg synes, det kunne være hyggeligt med lidt selskab."

De kunne høre bussen i det fjerne og efter et hurtigt kig på hinanden satte de i løb ned mod busstoppestedet og nåede i sidste øjeblik derhen. Folk i bussen smilede venligt til dem og tænkte nok, at Claras forgrædte ansigt handlede om sorg over en afdød. Og det gjorde det jo på en måde også.

Da Clara nogle timer senere kom hjem med sin indkøbspose med tilbudsvarer var det med en sjælden ro og glæde, som hun ikke havde følt siden før hun mistede sin mormor. Hun havde snakket så godt med Alonzo, der også havde fortalt om sin familie og de frygtelige ting, de var gået igennem.

Klokken lidt over seks om aftenen ringede det på døren og udenfor stod fru Jensen med en tallerken med varme frikadeller, kartofler, ærter og sovs.

"Jeg så jo, at de kørte afsted med din mor i morges, så jeg tænkte, at du måske vil have lidt frikadeller."

"Tusind tak, det er vel nok pænt af dig," svarede Clara overrasket, da hun tog imod tallerkenen. Så var naboen måske ikke så slem alligevel.

"Det var så lidt. Går det så bedre med din mor?"

"Det ved jeg ikke, jeg skal først ringe derud om lidt."

Det var længe siden, hun sidst have fået så godt et måltid. Der var så meget, at der også var nok til dagen efter. Mæt og tilfreds kastede Clara sig med fornyet iver over sin stil.

Ivrigt klatrede hun videre. Højere og højere op i træet. Helt inde ved stammen fandt hun en rigtig god gren, hvor man sad godt og lunt og havde en fantastisk udsigt over haven. Forsigtig tog hun igen den lille æske frem. Vendte og drejede den. Opdagede at der på den ene side var en lille dims. Hun rørte ganske let på den og pludselig delte æsken sig. Hun blev så forskrækket, at hun var lige ved at tabe den. Inde i æsken var der en ny æske. Hun løftede æsken op og fandt en lille bitte sten under æsken. Usikker på hvad det nu var for noget, skyndte hun sig at sætte æskerne ind i hinanden igen og lukkede dem sammen. Hun havde næsten tabt pusten. Igen kiggede hun sig omkring for at se, om der var nogen, der havde opdaget hende. Dernede ved siden af hendes egen have, lå der en anden have. Og i haven gik en lille størrelse rundt. Nysgerrigt strakte hun hals for bedre at kunne se. Det var ikke nogen troldeunge, der gik dernede. Mærkeligt. Når hun var i sin egen have, havde hun aldrig lagt mærke til, at der var en have ved siden af. Tænk den lille fyr havde nogle ganske skrøbelige vinger på ryggen. Han bevægede sig let og yndefuldt omkring. Det måtte være en alf. Måske julealfen som var kommet for tidligt. Han var så optaget af sine gøremål, at han slet ikke opdagede den lille troldepige oppe i træet. Med et vendte han sig med front mod træet og hun blev nervøs for, om han alligevel havde fået øje på hende. Ganske roligt strakte han den ene hånd frem, åbnede den og åbenbarede noget på håndfladen. Da det gik op for den lille troldepige, at det var en æske næsten magen til den, hun havde fundet ved træets rod, var hun lige ved at dratte ned. Hun fik frygtelig dårlig samvittighed og skulle lige til at råbe ned til alfen, at hun havde fundet en af hans æsker, da han trykkede på siden af æsken og låget sprang op.

Kapitel 10.

Da Clara vågnede tidligt næste morgen, lå hun et stykke tid i sengen og nød roen og stilheden, mens hun lige så stille begyndte at danne sig et overblik over de ting, hun skulle nå i løbet af dagen, inden hun skulle på arbejde om eftermiddagen. Selvom hun fik lavet noget i går aftes, var hun stadig bagud med lektierne, så hun måtte gøre en stor indsats for at få indhentet dem. Hun lod et øjeblik tankerne vende tilbage til dagen før. Det havde været en helt forfærdelig start på dagen, med hendes mor der lå der hjælpeløs og overbrækket på badeværelsesgulvet, og bagefter havde hun været så frygtelig ked af det ude på kirkegården. Men hun havde virkelig nydt eftermiddagen, hvor hun for en gangs skyld havde haft nogen at snakke med om de svære ting, som hun ellers gik helt alene med. Det havde bare været så let at tale med Alonzo og inden hun havde set sig om, var hun buset ud med alt om morens drikkeri, den manglende huslejebetaling og vanskelighederne med at få tilstrækkelig med mad. Selvom de var jævnaldrende, så virkede han så voksen og forstående og han sagde alle de rigtige ting.

Efter hun havde spist de lækre frikadeller fra fru Jensen, havde hun ringet til sygehuset, der fortalte, at hendes mor efter omstændighederne havde det godt. Hun var åbenbart indlagt på intensiv afdeling, så de kunne holde ekstra øje med hende. Sygeplejersken havde sagt, at hendes mor sov det meste af tiden og skulle igennem nogle undersøgelser og hun lovede, at de nok skulle ringe, hvis hendes mor fik det dårligere. Det var ikke første gang, hun havde været indlagt, men sidste gang havde hendes mormor været der til at tage sig af Clara. Nu måtte hun bare klare sig selv. Hun brød sig ikke om sygehuse med den tunge lugt af sygdom og medicin, så inderst inde var hun kun lettet over, at sygeplejersken havde sagt, at det ikke rigtig gav mening at besøge hendes mor endnu.

Clara strakte sig i sengen og nød friheden ved at være helt alene i lejligheden og uden frygt for, hvornår hendes mor ville vælte fuld ind af døren. Lugten af opkast og afføring på badeværelset var heldigvis næsten helt væk, men alligevel skyndte hun sig at få overstået sit bad. Hun ville hellere bruge tiden på lektierne, så hun ikke også skulle bruge hele aftenen, når hun kom hjem fra arbejde. Hun skulle jo også nå, at besøge sin mor på vej hjem, hvis hun ellers havde fået det godt nok til at modtage besøg.

Det var bare sådan en smuk dag med en klar blå himmel og en hilsen fra frøken frost, der i løbet af natten havde drysset små iskrystaller ud over alle de nøgne grene, så de glimtede nok så fornøjet som diamanter i solens stråler. Selv den billige te fra Fredsted smagte bedre end ellers og maven var tilfreds efter at have fået et normalt morgenmåltid.

Hun var lige blevet færdig med matematikopgaverne, da en sms tikkede ind på hendes mobil. Hun håbede bare, at det ikke var et nyt mobbetiltag. Hun åbnede sms'en og åndede lettet op, da hun så, at det var en venlig hilsen fra Alonzo, der spurgte hvordan hun havde det. Hun skyndte sig at gemme hans nummer, så hun kunne genkende beskeder fra ham.

"Tak, jeg har det fint," svarede hun.

"Og tak for hjælpen i går," fik hun hurtigt tilføjet.

"Hvad laver du?"

"Lektier! ska på arb om en time. Hvad laver du?"

"Lektier. Hvordan går det med din mor?"

"Bedre..ska måske besøge hende i aften."

"Godt. Du kan evt få noget prof hjælp hos tuba.dk."

"Tuba! er det noget med musik?"

"Nej nej ... hjælp til unge børn af alkoholikere. Læste om dem på nettet i går."

Clara sank en klump. Hun vidste det jo godt inderst inde. Selvfølgelig var hendes mor alkoholiker, men det var bare så underligt at se det på skrift og endnu mærkeligere at tale med nogen om det. Det blev pludselig så definitivt. Nu drak hendes mor ikke bare for meget, men nu var hun faktisk en misbruger og hun var selv barn af en misbruger.

"Tak," fik hun svaret ham.

"Håber ikke du blev stødt?"

"Nej nej slet ikke. Tak for din hjælp."

"Så lidt ... tilbage til lektierne."

"Ja ... og du siger det ikke til nogen vel?"

"Ikke et ord."

Clara kunne mærke, at hun sad med et fjoget smil på læberne. Hun var bare så uvant med, at nogen virkelig bekymrede sig om hende. Tænk at han var gået hjem og havde brugt tid på at finde noget på nettet om børn af alkoholikere. Hun rystede på hovedet og tjekkede klokken. Hun kunne lige nå et par linjer på stilen, inden hun skulle afsted på arbejde.

Den lille troldepige blev stum af forbavselse. Indeni alfens æske var der en ny æske. På samme måde som med hendes egen. Hun fulgte nu nøje alfens bevægelser. Forsigtigt tog han den mindre æske op af den større æske. Stillede begge æsker fra sig på et lille bord og stak fingrene ned i den største æske. Han tog noget op, som hun ikke kunne se, hvad var oppe fra træet, men mon ikke det var en lille bitte sten. Han lagde den i en lille krukke med troldejord og hældte vand på. Kiggede kær-

ligt på krukken og samlede æskerne sammen igen. Nu turde hun slet ikke give sig til kende. Der havde hun siddet og udspioneret en alf. Tænk om det var julealfen.

Julehandlen var i fuld gang, og der var travlt i butikken. Hun fik hurtigt smidt overtøjet og kastede sig ivrigt over betjeningen af kunderne. Ind imellem nåede hun også at få fyldt nye varer på hylderne, mens hun glædede sig over, hvor meget lettere tingene var, når man var mæt og glad. Hun var stadig overrasket over, at der fandtes mennesker som Alonzo og vel også lidt fru Jensen. Måske havde det også noget at gøre med hende selv. Hvis hun bare selv var åben og positiv, så smittede det også af på andre. Selvom det nu alligevel ikke rigtig virkede i forhold til hendes mor, tænkte hun lidt trist.

Da de endelig lukkede dørene efter de sidste kunder, pustede de sammen ud til en sodavand, som butiksejeren havde købt til dem. Det var vel nok dejligt, at hun havde fået dette job, hvor der blev sat pris på hendes arbejdsindsats.

På vej hen til toget ville hun lige ringe til sygehuset for at høre, om hendes mor var klar til besøg. Hun kunne se, at der havde været en del opkald fra et ukendt nummer. Telefonen havde jo været på lydløs, mens hun var på arbejde, så hun havde ikke hørt opkaldene. Der var indtalt en besked, som hun aflyttede, mens farven langsomt forlod hendes ansigt. Beskeden var fra sygehuset, som bad hende ringe med det samme. Det var fire timer siden.

Clara skyndte sig at ringe op og blev stillet ind til sygeplejersken, der fortalte, at hendes mor desværre havde fået det temmelig skidt og at hun var blevet overflyttet til Rigshospitalet.

Panisk styrtede hun ned til stationen og steg på toget mod København, mens hun febrilsk forsøgte at huske, hvordan hun skulle finde frem til Rigshospitalet. Hun kunne ikke tillade sig at bruge penge på togbilletter og håbede hver gang hun steg på toget, at der ikke var kontrol. Indtil videre havde hun klaret den, men hun var nødt til at købe billet til bussen og var glad for, at hun ikke havde brugt alle pengene, da hun købte ind i går.

Da bussen holdt uden for Rigshospitalet løb Clara ind og fandt hurtigt informationen, hvor de kunne fortælle hende, hvilken afdeling hendes mor lå på. Med rystende hænder åbnede hun døren til afdelingen og fandt frem til sygeplejerskernes kontor. En sød ældre sygeplejerske tog hende med ind på et samtalerum og forklarede hende, at det stod skidt til med hendes mor. Hendes nyrer og lever fungerede ikke helt godt på grund af hendes langvarige alkoholmisbrug og der var også noget betændelse i hendes bugspytkirtel.

"Skal hun så dø nu," spurgte Clara chokeret.

"Nej min ven, det håber jeg da ikke. Nu tager vi os godt af hende og så skal vi nok få hende på højkant igen."

"Jamen hvorfor skal hun være her på Rigshospitalet?"

"Det er fordi lægerne her er ekstra dygtige. Det er ikke alle sygehuse, der kan behandle de ting, din mor fejler. Men så snart hun er frisk nok til det, så kommer hun tilbage til sygehuset igen."

"Men hvor lang tid tager det?"

"Det er for tidligt at sige endnu. Har du nogen derhjemme, som du kan tale med?"

"Nej, eller jo jeg har en ven, jeg kan tale lidt med. Men kan jeg godt få lov til at se min mor nu?"

"Ja selvfølgelig. Nu skal jeg vise dig derind."

Clara kiggede chokeret på sin mor, der var helt oppustet og gul med store blåsorte mærker langs den ene arm og på kinden.

"Hvorfor ser hun sådan ud, " hviskede Clara.

"Det er fordi hendes krop er så overbelastet og så må hun have slået sig, da hun faldt hjemme hos jer."

"Men hun er jo helt gul."

"Ja, det er et tegn på, at leveren ikke virker som den skal. Men nu skal du bare tage det helt roligt. Hun skal nok få det bedre i løbet af nogle dage. Hun sover nu og vil også være meget omtåget i nogen tid."

Clara kunne ikke holde ud at se på det misbrugte hylster, der inde under alle slangerne og misfarvningerne indeholdt hendes mor. En mor som hun i virkeligheden ikke kendte særlig godt.

"Men så tror jeg bare, at jeg kører hjem igen. Vil I ringe til mig, hvis hun får det værre?"

"Ja, det skal vi nok. Og du kan også bare ringe til os, hvis du vil høre hvordan hun har det, inden du besøger hende igen. Det er nok rarest for dig at komme, når hun har det lidt bedre."

Kapitel 11.

Clara nåede lige at ringe til hospitalet, inden hun gik i skole. Sygeplejersken havde været kort for hovedet og fortalte, at hendes mors tilstand hverken var værre eller bedre end i går aftes, men hun kunne jo prøve at ringe igen lidt senere på dagen. Tung om hjertet gik hun mod gymnasiet, mens gårsdagens frydefulde stjernestunder inden alt det med hendes mor var sket, var helt forduftet. Himlen var igen grå og fyldt med tunge skyer, der hang faretruende over hovedet på hende. Bare de ikke var fyldt med våd sne, der i løbet af kort tid ville give hende iskolde og våde fødder. Hendes tynde sko egnede sig ikke til regn og sne.

Hun sendte en stille bøn op om, at Josefine stadig ville være hjemme, men det var selvfølgelig for meget at håbe, for i samme øjeblik kom Josefines far kørende i fuld fart og bremsede hårdt op i sin fuldstændig overdimensionerede Mercedes nogle meter fra hende. Først fløj passagerdøren op, hvorefter en meget ophidset Josefine med håret i uorden nærmest væltede ud og råbte ind i bilen.

"Du er bare sådan en gammel liderlig lort. Det er fand'me så klamt at høre, hvordan du ligger og horer med den lille, ulækre, klamme thai luder, hver eneste gang mor er ude og rejse."

Så røg døren i den anden side op, og Josefines far trådte ud i åbenstående badekåbe og det var tydeligt, at han ikke havde en eneste trævl på indenunder.

"Nu holder du krafted'me din forkælede mund lukket, ellers kommer der helt andre boller på suppen. Når du kommer hjem, gi'r du Mali en undskyldning og kommer der bare så meget som et eneste grimt ord mere fra din beskidte mund, så bliver dit Visa-kort omgående inddraget. Har du forstået det?" råbte han med det vildeste udtryk i øjnene.

Josefine nikkede kort, hvorefter hendes far kastede sig ind i bilen og kørte derfra i rasende fart.

Clara vidste ikke, hvor hun skulle gøre af sig selv. Hun havde chokeret stået og overværet optrinnet og nu ønskede hun bare, at hun med et knips i fingrene, kunne gøre sig fuldkommen usynlig, inden Josefine fik øje på hende og lod al sin galde flyde ud over hende. Hun måtte da synes, at det var utrolig pinligt, at lige præcis Clara havde set, hvordan hendes far fik lukket munden på hende. Men nu var det da helt tydeligt, hvor Josefine havde sine ondskabsfulde egenskaber fra.

Clara var nu ikke den eneste, der havde hørt, hvad der foregik, for i det samme kom Camilla, Emma og Katrine løbende og nærmest omringede Josefine, mens de i fællesskab kom med trøstende ord og udtrykte deres forargelse over Josefines fars eskapader med rengøringsdamen og hans trusler om at inddrage Visa-kortet.

Mon ikke hun lige så stille kunne smutte forbi dem, nu hvor de stod og var helt opslugte i deres egen lille verden. Clara begyndte at bevæge sig fremefter og i det samme forstummede al samtale i kredsen. Hvert eneste trin føltes som Bambi's forsigtige trin på den glatte is og hun åndede lettet op, da hun endelig nåede forbi dem, uden at de havde sagt noget til hende. Lettelsen varede dog kun i et splitsekund for rundt om hjørnet kom postbuddet fra den anden dag fløjtende på sin cykel og stoppede lige ud for hende.

"Hej Clara, hvordan går det med din mor?"

"Hun er stadig indlagt," fik hun stille fremstammet.

"Ja, men hun så godt nok også dårlig ud."

"Jeg er altså nødt til at gå nu," hviskede hun, mens hun begynde at bevæge sig ind mod skolen.

Hun skævede til siden og nåede lige at se, hvordan pigegruppen gloede efter hende og Camilla var allerede i gang med at udspørge postbuddet.

Endelig nåede hun op i klassen og spejdede ivrigt efter Alonzo, men hans stol var desværre tom, så hun satte sig skuffet ned og tog sine bøger frem.

Larmen fra gangen vidnede om, at pigerne var på vej og ganske rigtigt kom de spankulerende ind i klassen samtidig med Thomsen. De var dog kun lige akkurat kommet inden for døren, da de alle fire stoppede brat op.

"Puha, hvor her lugter," kom det fra Josefine.

"Hvad mener du?" spurgte Thomsen.

"Jamen kan du ikke lugte det, det er virkelig slemt," fortsatte Katrine.

"Næ, det eneste jeg kan lugte er hønsefnidder og kom så ned på plads med jer.

Clara vidste, hvad der måtte komme og ganske rigtigt, så snart Josefine nærmede sig hendes bord, stoppede hun igen op med næsen højt løftet, mens hun snusede indad.

"Jo, der lugter altså vildt meget af noget lige her. Føj for pokker, det er jo bræk her stinker af. Hvor er det ulækkert."

"Ja, så stopper festen altså Josefine, og så kan du jo lige så godt få brækket dagens opgave i gang."

Klassen grinede som sædvanlig højlydt af Thomsens spøjse sprogbrug, men det kunne ikke fjerne følelsen af ubehag hos Clara. Hun vidste, at der var lagt op til en hel dags mobberier og det magtede hun bare ikke. Så længe undervisningen varede, kunne hun være nogenlunde i sikkerhed, men i frikvartererne var der ikke noget frirum.

Thomsen havde dårlig forladt lokalet, før Josefine var klar med sine spydigheder.

"Nå hvad er det, man hører. Din mor har åbenbart været så stangstiv, at hun har overbrækket alt. Så er det jo ikke så mærkeligt, at du trækker sådan en stank efter dig."

Clara lukkede bøgerne sammen og forsøgte at ignorere Josefine.

"Hvorfor fanden siger du ikke noget? Din mund er måske også fyldt med bræk. Du må da ellers være glad nu, når din mor er på hospitalet, så slipper du da for at se hende lalle skide fuld rundt i byen."

Som en tsunami fyldte frustration og sorg Claras krop, mens hun kæmpede med at holde tårerne tilbage. Hun spændte hver en muskel og borede neglene ind i håndfladerne for at flytte fokus til en ydre smerte. Mest af alt havde hun lyst til at svinge armen bagud og sende en knytnæve lige ind i maven på Josefine, eller i det mindste give igen af samme skuffe, men hun gjorde ingen af delene, fordi hun vidste, at det bare ville gøre det hele meget værre. Hun sad bare der og fandt sig i at blive overfuset lige indtil næste time startede.

Da skoledagen endelig var slut var Clara så udmattet, at hun næsten ikke kunne hænge sammen. Hun var glad for, at hun ikke skulle på arbejde og tænkte bare på at komme hjem hurtigst muligt. Hun kunne næste ikke bære flere smerter i sig. Ængstelsen over hendes mors misbrug og indlæggelse, sorgen og savnet af sin elskede mormor, ingen veninder at dele livets op og nedtur med, ingen far til at støtte op, konstant oplevelse af ensomhed, altid føle sig anderledes og holdt udenfor, udsigten til endnu en glædesløs jul uden en familie omkring sig. Det var mere, end man kunne forlange, at noget menneske skulle kunne rumme.

Hun blev mødt af en duft af nybagte småkager, da hun trådte ind i opgangen og det prikkede bare endnu mere til hendes modløshed. Rundt omkring hende var alle i gang med forberedelser til den højtid, der skulle samle familier til hygge i kærlighedens navn, mens hun efterhånden dårligt kunne samle sig bare om sig selv.

Efter at have smurt sig et stykke rugbrød med discount leverpostej og lavet en kop te, satte Clara sig foran sin PC og hentede stilen frem. Det var som om, hun i det mindste kunne finde lidt fred, når hun arbejdede med den og samtidig oplevede hun, at hendes mormor var der tæt på hende, mens hun skrev om den lille troldepige, som hendes mormor havde opfundet og gjort levende.

Tænksom klatrede den lille troldepige ned af træet og satte sig på jorden. Næsten helt af sig selv fandt hendes fingre æsken frem. Ved træroden lå der en gammel skål, som nogen sikkert havde smidt fra sig. Hun skrabede lidt troldejord ned i skålen, lagde den lille sten ned i og øsede lidt vand fra en vandpyt ovenpå. Hun fandt et lyst og varm sted og stillede skålen. Vidste ikke hvorfor hun gjorde det, men det var som om, hun bare måtte. Pakkede æskerne sammen og puttede den ind under troldeklunset. Helt mæt af dagens indtryk tumlede den lille troldepige ind i sin trolderede. Næste morgen var hun helt sikker på, at hun måtte have drømt alt om æsken og træet. Forsigtig stak hun hånden ind i troldeklunset for at mærke, om æsken stadig var der. Hun var næsten ved at falde ud af reden, da hendes fingre rørte den velkendte æske. Så var det alligevel ikke en drøm.

Dørklokkens kimen afbrød hende og hun listede ud og kiggede i dørspionen. Det var heldigvis bare var fru Jensen, så Clara åbnede døren.

"Hej Clara. Jeg har bagt julekager i dag og lavede lidt ekstra, nu jeg var i gang," sagde hun, mens hun rakte en lille firkantet dåse frem med søde juleengle på.

"Tusind tak, det er virkelig sødt af dig."

"Det var så lidt. Går det bedre med din mor?"

"Hun er blevet overflyttet til Rigshospitalet."

"Nå, jamen så bør hun jo være i gode hænder. Du skal se, hun kommer nok snart hjem igen. Nå jeg må ind til mig selv igen, for jeg har mit barnebarn på besøg og han skulle helst ikke spise resten af småkagerne," sagde hun med et glimt i øjet.

"Nej, det går nok ikke. Mange tak for kagerne."

Overrasket og glad lukkede Carla stille døren og bar den lille dåse ind i køkkenet, hvor hun åbnede den og duftede til de fineste små vaniljekranse, der straks mindede hende om barndommen, hvor hun hver jul havde bagt sammen med sin mormor. Hun smagte på en enkelt og satte hurtigt låget på igen, så hun ikke fik spist dem for hurtigt. Hun ville gemme dem til jul, så var der i det mindste en lille smule at hygge sig med.

Kapitel 12.

Claras mor havde nu været indlagt i lidt over en uge og det gik langsomt fremad, selvom hun stadig havde det meget dårligt. Clara havde kun besøgt hende en enkelt gang, for hun havde ikke penge til at tage derind hver dag. Det havde også været en hård omgang at være på hospitalet, for hendes mor havde stadig været omtåget og underlig og havde snakket om små mænd, der kravlede rundt på gulvet om natten og greb ud efter hende med lange slimede fingre. Sygeplejersken fortalte, at det var helt normalt, at hendes mor havde det sådan, så hun skulle ikke være nervøs. Alligevel syntes hun, det var ret uhyggeligt. Og i de få øjeblikke hvor hun virkede lidt mere klar, havde hun bare kigget på Clara og spurgt, hvad fanden hun sad der og hang for. Så det gav ikke rigtig så god mening at komme på besøg, når hun alligevel var uønsket. Inden hun gik havde hun kigget længe på den kvinde, der på en gang var hendes mor, men samtidig virkede som en helt fremmed person, som hun ikke vidste ret meget om. Afstanden mellem dem var så stor og i den sidste tid, var den blot blevet endnu større.

Hun havde haft travlt både i skolen og på arbejdet. Der var der ekstra meget at lave med julehandlen, så hun havde også taget nogle ekstra vagter. Det kunne hun jo lige så godt, når hun alligevel bare var alene hjemme. Det så ud til at trække ud med morens indlæggelse, så Clara var også så småt ved at forberede sig på, at hun måtte være alene i julen. En kuldegysning løb ned at ryggen på hende, da hun kom i tanke om, hvordan Alonzo havde fortalt om den ven, han havde mistet under den frygtelige tsunami. Det var også sket i julen og det måtte være forfærdeligt for alle de familier, der hver eneste jul blev mindet om deres tab. En højtid som jo ellers skulle være en glædens tid var for dem knyttet uløseligt sammen med stor sorg. Det hjalp lidt at tænke på, at hun ikke var den eneste, der havde det svært.

Clara fik lidt hjertebanken, når tankerne gik i retning af Alonzo. Han havde ikke været så meget i skole den sidste uge og hun kunne se på ham, at der var noget, der plagede ham. Hun havde sendt ham en sms og spurgt, om han var okay, men han havde bare svaret med en smiley og spurgt, om hun måske havde lyst til at drikke en kop te med ham inden juleferien. Da hun ikke havde svaret med det samme, havde han sendt en ny sms, hvor han skrev, at han selvfølgelig betalte, når han inviterede hende. Det var underligt, at nogle af de mennesker der havde været omkring hende hele tiden, pludselig var venlige og omsorgsfulde, nu når hendes mor var indlagt. Fru Jensen var blevet helt flink og Alonzo havde pludselig været der, da hun havde været allermest ked af det. På arbejdet var de også virkelig søde. Måske var det også, fordi hun selv var begyndt at se verden på en lidt anden måde. Hun mærkede en indre kraft, hvor styrken til at stå op for sig selv så småt var begyndt at tage form. Hun blev snart 18 år og det var tydeligt for hende, at hun snart skulle til at tænke på at skabe et liv for sig selv.

Der var dog stadig det tilbagevendende problem med penge til mad og hvad med huslejen, der ikke var betalt. Clara fik straks ondt i maven. Hun gik ud i køkkenet og fandt det brev frem, som postbuddet var kommet med den dag, hendes mor var blevet indlagt. Hun vendte og drejede det og selvom det jo kun var en enkelt lille kuvert, så føltes den frygtelig tung i hendes hænder. Til sidst åbnede hun den og som ventet var det et brev fra boligselskabet, der truede med, at de ville blive smidt ud af lejligheden, hvis huslejen ikke blev betalt med det samme. Hun anede ikke, hvad hun skulle gøre. Det var jo sådanne ting, man havde voksne mennesker til at tage sig af. Men hendes mor var ikke særlig voksen og ansvarlig. Slet ikke nu. Carla sukkede tungt.

"Åh mor, hvorfor har du ladt mig i stikken på denne måde. Hvorfor kunne du ikke som minimum sørge for de mest basale ting. Hvad skal jeg nu stille op med det her brev."

Hun var nødt til at finde nogen, der kunne hjælpe hende, men først måtte hun prøve at ringe til boligselskabet og sætte dem ind i situationen, så der ikke lige pludselig kom nogen og sagde, at de skulle flytte. Hun kunne slet ikke rumme tanken om, hvad der så skulle blive af hende, hvis det virkelig skete. Hun havde ingen steder at tage hen.

Heldigvis havde det været en venlig dame, hun havde talt med, da hun ringede til boligselskabet og forklarede, at hendes mor var indlagt og at hun var alene og ikke vidste, hvad hun skulle gøre. De havde sagt, at hendes mor skulle kontakte dem, så snart hun blev udskrevet, så de kunne finde en løsning. Puha så var der lidt ro på den del.

Men hvad var det nu Alonzo havde skrevet om et eller andet sted, man kunne kontakte, tænkte Clara. Hun tog igen sin mobil frem og bladrede tilbage til den sms, han havde skrevet. Tuba, nå ja, det var det det hed. Hun svarede først på hans sms, at hun gerne vil mødes med ham, inden hun åbnede sin PC og fandt frem til hjemmesiden. Hun kiggede på de forskellige sider og læste nogle af indlæggene, inden hun gik ind på chatten og fortalte om sin egen situation. Kort tid efter fik hun svar fra en meget forstående dame, som hun skrev med et stykke tid. Det lettede noget, at få talt med en voksen person om de ting, hun gik og tumlede med. Damen havde været meget hjælpsom og hun havde også foreslået, at hun kunne komme med i en hjælpegruppe, hvis hun havde brug for det.

Hun var meget fristet til at gå videre med sin stil og fandt rigtig god trøst i at lave et eventyr med baggrund i sine egne sindsstemninger. Det kunne godt være, at den ikke helt opfyldte Thomsens krav, men hun ville tillade sig selv at lade eventyret leve sit eget liv. Men inden hun fortsatte med stilen, var hun nødt til at få lavet nogle andre lektier og så kunne hun som afslutning på dagen gå ind i drømmetilstanden og tage imod troldepigen.

Det mest af dagen gik med forskellige pligter, og det var svært for den lille troldepige at finde fred til at kigge på æsken eller løbe ud til træet. Først sidst på eftermiddagen kunne hun slippe væk. Ligesom dagen før indbød træet hende til at kravle op. På vejen op blev hun igen overvældet af alt det, der så anderledes ud derfra. Da hun var kommet helt op kiggede hun nysgerrigt efter alfen fra i går. Som om han havde ventet på hende, tog han igen sin æske frem. Da han havde åbnet den første æske og taget æsken indeni ud, åbnede han den nye æske og tænk om der ikke også var en ny æske indeni den. Og under den lå igen en lille sten på bunden, som han fjernede og lagde i en ny krukke med troldejord. Den fik lidt vand og blev sat hen ved siden af krukken fra dagen før. Hurtigt kravlede hun ned igen fra træet. Tog æsken frem, åbnede den, tog æsken indeni ud. Åbnede også den og fandt en ny æske med en lille sten under. Forpustet lænede hun sig op af træet. Hvad var egentlig meningen med alt det her. Igen følte hun sig draget, til at gøre det samme som alfen, så hun ledte lidt og fandt en slidt bøtte, som hun lagde lidt troldejord, stenen og lidt vand i. Hun stillede den ved siden af skålen fra dagen før. Men midt i skålen stak der nu en lille grøn ting op. Ganske smuk og skrøbelig var den. Et smil bredte sig i den lille piges ansigt. Hvor var hun heldig at få lov til at opleve disse ting.

Kapitel 13.

Clara vågnede for en gangs skyld udhvilet og så frem til juleferien. I morgen var det sidste skoledag og den var heldigvis kort. Dagen i dag skulle bare overstås. I morgen havde hun to lette timer i skolen, og bagefter havde hun en aftale med Alonzo, inden hun skulle på arbejde. De havde aftalt at mødes på kirkegården først og bagefter skulle de drikke te på den samme Café som sidst.

Spændt mødte hun op i klassen og modtog de sædvanlige spydige bemærkninger fra Josefine. "Nå, du har nok fået nyt tøj, hva'. Bare ærgerligt, at du har så dårlig smag. Det får dig jo bare til at se endnu værre ud. Sådan er det vel, hvis man handler de forkerte steder," sagde hun, med væmmelse malet over hele ansigtet, mens hun med næsen højt løftet samlede sin sædvanlige flok og marcherede forbi hende.

Pigerne havde flere gange bemærket, at hun havde fået nyt tøj, men det var selvfølgelig ikke dyrt designertøj, som det Josefine købte i rigelige mængder for sin fars penge. Clara var ligeglad. Hun var tilfreds med det tøj, hun kunne købe billigt på arbejdet og helt slemt kunne det jo ikke se ud, for de solgte i rigelige mængder af det.

Med skuffelse konstaterede hun, at Alonzo ikke var mødt i skole. Han havde ellers haft et rigtig fint fremmøde hele skoleåret, så det var lidt underligt, at han havde haft så meget fravær i december. Hun håbede, han ville fortælle lidt om, hvad det var der foregik i hans liv, når de skulle mødes i morgen. Hun mærkede tydeligt, hvordan pulsen steg en smule, hver gang hun tænkte på ham. Det var en ukendt, men dejlig følelse.

Efter skole var hun nødt til at besøge sin mor på sygehuset. De havde ringet fra Rigshospitalet i forgårs og fortalt, at hendes mor ville blive overflyttet til Køge Sygehus igen. Clara skammede sig lidt over lettelsen ved, at hendes mor stadig var indlagt. Et kort øjeblik havde hun frygtet, at hun ville blive udskrevet. Clara havde fundet sin egen ro gennem de sidste uger og kunne ikke overskue, at hendes mor skulle komme hjem og ødelægge det hele. Hun var sikker på, at det bare ville gå som sidst, da hun havde været indlagt. Efter et par dage ville hun begynde at drikke igen og det endte såmænd nok også med, at hun en dag drak sig ihjel. Det var pinligt at være så flov over sin egen mor, men i den sidste tid havde hun fået øjnene op for, hvor meget hendes mors drikkeri ødelagde for dem begge.

Hun hadede virkelig lugten af sygehus og fik straks dårlig samvittighed, når hun gik ned af den julepyntede gang, hvor folk sad og trøstede hinanden, mens hun hørte brudstykker af samtaler med ønsker om, at den indlagte kom hjem til jul. Sådan havde hun det bare slet ikke.

Clara kunne næsten ikke kende sin mor, da hun kom ind på den stue, hvor hun lå sammen med 3 andre patienter. Hun var stadig gul i huden og hun havde tabt sig virkelig meget. Hendes fedtede hår sat helt klistret til hovedbunden med lange tjavser, der indrammede det markerede ansigt. De andre patienter var tusse gamle. To af dem lå med åben mund og snorkede, mens den sidste lå og jamrede sig. Hendes mor lå ved vinduet og havde i det mindste mulighed for at kigge ud på det grønne område.

"Hej mor, hvordan går det?"

"Hvad tror du selv. Tror du det er skide sjovt at ligge her," vrængede hun.

69

"Nej, men du har vel fået det lidt bedre?"

"Hvad rager det mig. Du skulle bare have ladet mig ligge og dø."

"Mor, vi er altså nødt til at snakke om penge til mad og der er jo heller ikke betalt husleje. Hvad skal jeg gøre?"

"Find selv ud af det og lad mig så være."

I det samme kom sygeplejersken ind af døren med nogle piller til hendes mor og hun kunne ikke have undgået at høre ordvekslingen.

"Hej, det må så være din datter," sagde hun venligt og hilste på Clara.

"Ja, det er mig. Ved du hvor længe min mor skal være indlagt?"

Den jamrende patient klagede sig igen højlydt og sygeplejersken gik over for at kigge til hende. Stanken der bredte sig vidnede om, at hun havde overskidt sig selv og sygeplejersken fik travlt med at få tilkaldt hjælp, så de kunne få ordnet hende.

"Føj for satan hvor her stinker," kom det højlydt fra hendes mor.

Clara kunne næsten heller ikke selv holde lugten ud og rejste sig og åbnede vinduet. Da de var færdig med patienten, hviskede hun til sin mor.

"Mor, hvad skal jeg gøre med penge til mad?"

"Hold nu din kæft og lad mig være. Du skal ikke komme her og plage mig. Gå med dig."

Såret og ked af det rejste Clara sig og nåede lige ud på gangen, inden tårerne pressede sig på og løb i to fine striber ned af hendes kinder. Sygeplejersken kom hen og tog hende under armen og førte hende ind på kontoret.

"Det varer nok lidt, inden din mor er frisk nok til at komme hjem. Er det derfor, du er ked af det?"

"Nej. Jeg har bare ikke nogen penge til mad," busede det ud af hende.

"Vi kan ikke rigtig få så mange oplysninger ud af din mor. Har I noget familie eller venner, der kan hjælpe dig, mens hun er indlagt?"

"Nej, der er kun mig. Min mormor døde for nogle år siden."

"Hmm. Din mor kommer jo nok først hjem efter nytår. Hvor gammel er du?"

"Jeg bliver snart 18 år."

"Nu skal du se her. Vi har en socialrådgiver her på sygehuset, som kan hjælpe dig og din mor med de praktiske ting. Jeg prøver lige at ringe til hende og se, om hun har tid til at tale med dig nu."

Clara vidste godt, at det måtte være helt usædvanligt, at hun mødte en så venlig sygeplejerske, der tog sig tid til at hjælpe hende. Ofte havde hun hørt i nyhederne, hvor travlt personalet på sygehusene havde og det var vist som at vinde i lotteriet, at socialrådgiveren lige havde haft en ledig tid på det tidspunkt. Hun havde oven i købet i løbet af den halve time, de havde talt sammen både sørget for, at der ville blive sat nogle penge ind på hendes konto til mad og hun havde også bedt hende om at sende en mail med oplysningerne til boligselskabet, så ville hun se, hvad hun kunne gøre med hensyn til huslejen.

Egentlig burde hun vel være gået op til sin mor og have fortalt hende, at hun ikke behøvede at bekymre sig om det med pengene, men Clara orkede ikke at blive svinet til igen. Orkede ikke at være i den klamme lugt. Hun ville ud i den friske luft og mærke lettelsen over, at der var voksne, der tog hånd om hende. Voksne der forstod, at hun havde brug for mad og tag over hovedet. Nogle der rent faktisk bekymrede sig om hendes ve og vel. Hvad måtte de ikke tænke om, at hendes mor var så ansvarsløs.

Hun gik i rask trav hen til toget for at holde varmen og glædede sig til at tage på arbejde. Og når hun i aften var færdig, kunne hun med ro i sindet tage hjem og slappe af. Der var ingen lektier, der skulle laves, så hun ville hygge sig med at lave en liste over de ting, der skulle købes ind og det var i sig selv nærmest en julegave, at der blev sørget for, at hun fik penge til at købe ordentlig mad til hele juleferien.

De næste dage gentog det samme sig. I alt var der syv æsker og syv små sten. Alle var nu sat ned i forskellige beholdere, der havde fået troldejord og vand. Op af hver beholder voksede forskellige grønne ting. Det gik op for den lille troldepige, at det slet ikke var sten, der lå i æskerne men ganske små magiske frø. Alle frøene så ens ud, inden de blev puttet i troldejorden, men når de kom op igen, var de helt forskellige. Tænk at der kunne være så mange vidunderlige ting i så lille en æske. Hver eneste del kunne vokse sig stor og stærk, når bare hun plejede dem. Kiggede man på dem i morgenlyset, havde de én slags farve og i aftensolen en helt anden. Faktisk var de alle sammen lidt anderledes i forhold til de grønne ting, hun havde set i andres haver og det var hun godt tilfreds med.

Kapitel 14.

Endelig var det sidste skoledag og også dagen for Claras aftale med Alonzo. Inden hun gik i seng i går, havde hun skrevet en kort sms til ham om, at hun glædede sig til deres aftale. Hun undrede sig lidt over, at han ikke havde svaret, men han var måske allerede gået i seng. Rastløst gik hun omkring i lejligheden og kunne ikke rigtig finde ud af, hvad hun skulle tage sig til, indtil hun skulle gå. En stor del af hendes bekymringer var fjernet, men stadig havde hun sådan en underlig uro i kroppen.

Uroen blev afløst af bekymring, da hun kom over i skolen og opdagede, at Alonzo heller ikke var kommet i dag. Men måske var han bare lidt forsinket, for timen var ikke startet endnu. Til gengæld manglede Josefine, så det kunne hun i det mindste glæde sig over. Da Thomsen kom svingende ind af døren med nybagte boller til alle, svandt hendes håb om at Alonzo ville dukke op. Det var da mærkeligt. Hun tjekkede i smug sin mobil for at se, om han havde svaret på hendes sms, men der var ingen besked fra ham.

Thomsen var i mægtigt humør og det spredte sig hurtigt til resten af klassen. Inden de skulle ned til den fælles morgensamling sluttede han lige med en påmindelse til dem.

"Så vil jeg bare ønske jer alle en rigtig glædelig jul og så bliver det knageme hyggeligt at få jeres eventyrlige, metaforiske selvportrætter trillende ind som små nytårsgaver."

"Det mener du ikke Thomsen," kom det klagende fra Claus.

"Jo, såmænd, så kom du bare i gang."

"Men altså hvor lang skal den være? Er det nok med en enkelt side?"

"Tja, skal jeg forstå det sådan, at dit livs hidtidige erfaringer er så sløje, at de kan nedfældes på en sølle side. Det tror jeg så nok ikke Claus. Der må være lidt mere og så er det jo godt, at fantasien kan hjælpe dig med at fylde hullerne ud."

Clara tjekkede igen sin mobil og forstod ikke, hvorfor der ikke var nogen reaktion fra Alonzo. Hun sendte en ny sms og spurgte, om alt var ok. Den kom der heller ikke svar på, så hun var i syv sind over, hvad hun skulle gøre. Under alle omstændigheder ville hun sige god jul til sin mormor, så hun begav sig afsted mod kirkegården. Måske havde Alonzo mistet sin telefon, så det var derfor han ikke svarede. Måske ventede han på hende som aftalt på kirkegården. Hun skyndte sig hen til den lille bænk, hvor de havde siddet sidst, men der var gabende tomt. Hun var helt mutters alene på kirkegården. Trist gik hun hen og stillede sig foran sin mormors grav og fortalte om alt det, der var sket siden sidst hun var der.

"Åh, mormor, jeg savner dig sådan. Bare du var her, så jeg kunne tale sådan rigtig med dig. Mor er stadig indlagt, så jeg skal være alene i juleferien, men det gør faktisk ikke så meget, for nu slipper jeg for at bekymre mig om, hvordan mor vil opføre sig og jeg har også fået nogle penge til mad, så jeg skal nok klare den. Og så har jeg også fået en ven. Det er Alonzo fra min klasse, men jeg forstår bare ikke, hvor han er blevet af. Bare der ikke er sket noget med ham."

I det samme kom der en lille sprække i skyerne og solen strakte sine strålende arme frem mod Clara og omfavnede hende kærligt med lys og varme. Hun løftede ansigtet mod solen med lukkede øjne og med ét følte hun, at hendes mormor faktisk var til stede og stadig passede på hende.

Clara kiggede sig igen omkring for at se, om Alonzo var dukket op, men hun var stadig helt alene på kirkegården. I det fjerne hørte hun motorstøj fra bussen og besluttede sig til at tage hjem og slappe lidt af, inden hun skulle på arbejde. På vejen ville hun stoppe ved en hæveautomat og se, om der var kommet penge til mad. Hun var nødt til at få købt ind i morgen formiddag, inden hun igen skulle på arbejde. Og der trængte også til at blive gjort ordentligt rent i lejligheden og hvis der var nok penge, ville hun også pynte lidt op og gøre det hyggeligt for sig selv i juledagene.

Hun havde ikke brugt sit hævekort siden sidst hun havde haft arbejde, men hun kunne sagtens huske koden. Da saldoen lyste op på skærmen blev hun helt forskrækket. Hende socialrådgiverdamen havde sagt, at hun ville få 1.000 kr. til mad, men der stod 2.500 kr. på hendes konto. Hun hævede 1.000 kr. og stirrede på kvitteringen der kom ud. Hele tre gange var der blevet sat 500 kr. ind med teksten Fra mormor. To gange på hendes fødselsdag og en gang til jul. Men hvordan kunne det lade sig gøre, for det var jo alt sammen sket efter hun var død. Det måtte være noget, hun havde sørget for, inden hun døde. Måske var det noget hun havde fået tante Olga til at gøre ligesom med mobilabonnementet.

Med bankende hjerte skyndte Clara sig hjem, mens hun både glædede sig over sin mormors fantastiske godhed og samtidig var hun trist over, at hun slet ikke havde opdaget det noget før. Hun var sikker på, at hendes mormor bevidst havde valgt at gøre det på denne diskrete måde for, hvis der var kommet et kort med kontanter til hende med posten, så ville hendes mor med stor sandsynlighed have taget dem. Hun måtte finde adressen eller telefonnummeret til tante Olga og finde ud af, om det var hende, der havde sørget for at sætte penge ind.

Da hun i fuld fart tumlede ind i opgangen var hun nær stødt sammen med postbuddet.

"Jamen halløjsa, der var vi nær væltet omkuld begge to," sagde han smilende.

"Det må du meget undskylde, jeg så mig slet ikke for."

"Jeg har ellers lige ringet på oppe hos jer, men der blev ikke åbnet. Er din mor stadig ikke kommet hjem?"

"Nej, hun er stadig indlagt."

"Nå for Søren, det er jeg ked af at høre. Vil du så ikke være rar at tømme jeres postkasse, for der kan næsten ikke være mere i den."

"Åh jo, det har jeg helt glemt. Det er også alle de reklamer, der fylder så meget."

"Jamen hvis I ikke læser dem, så kan du bare gå ind på nettet og afbestille dem og så skal du også bestille sådan en lille mærkat, du skal sætte på postkassen. Nå, men jeg må videre. Posten skal jo ud. God jul."

Clara gik op efter nøglen til postkassen og tog hele stakken af post og reklamer med op i lejligheden, hvor hun lagde det hele på spisebordet og satte vand over til en kop te. Hun tog to vaniljekranse fra dåsen og gik i gang med at sortere bunken. Reklamer og aviser blev lagt for sig selv og brevene i en anden bunke. Hendes blik blev fanget af et billede af andesteg på forsiden af den sidste reklame fra supermarkedet og hun bladrede den igennem for at se, om der var tilbud på de ting, hun skulle købe ind. Hun elskede andesteg, men det ville blive for dyrt og det var også alt for meget med en hel and til en person.

Hun måtte nøjes med et andebryst eller måske bare en kylling.

Alle reklamerne og aviserne blev samlet sammen i en pose, som hun ville sørge for at smide i papircontaineren, når hun skulle på arbejde. Brevene orkede hun ikke at kigge på nu, det var nok alligevel bare regninger, så de måtte vente til i aften. Igen tjekkede hun sin mobil, men der var stadig ikke svar fra Alonzo. Det var virkelig underligt, men der måtte jo være sket et eller andet siden han hverken var i skole eller svarede på hendes sms. Og det passede rigtig dårligt med det indtryk hun havde fået af ham, at han bare udeblev fra en aftale.

Igen havde hun en travl dag på arbejde og hun kunne godt mærke, at der kun var åbent en dag mere inden jul, for nu var kunderne mere stressede og havde travlt med at nå de sidste indkøb, så for første gang glædede hun sig faktisk lidt til, at hun fik fri. Butiksbestyreren havde købt pizza til dem, så hun behøvede heldigvis ikke tænke på aftensmad.

Da Clara træt og udmattet endelig var hjemme igen satte hun sig i stuen med en kop te og en enkelt vaniljekrans mere. Hun tændte for fjernsynet, men kunne ikke rigtig koncentrere sig. Der var stadig ingen sms fra Alonzo. Rastløst gik hun lidt rundt i lejligheden og standsede foran brevene på spisebordet. De første tre var til hendes mor og lignede helt sikkert rykkere. Fire breve var vist bare reklamer af en slags. Det sidste brev havde Clara's navn på, skrevet med store bogstaver.

Hun vendte kuverten, men der var ingen afsender på. Måske var det et julekort fra tante Olga, for det var den eneste hun kunne forestille sig at få brev fra. Men hun havde jo ikke før skrevet til hende, så måske ikke alligevel. Undrende åbnede hun kuverten og trak et kort ud med et fint billede af et snelandskab med små nisser og trolde.

Hun lukkede kortet op og tabte næsten pusten, da hun læste det.

Søde, dejlige Clara!
Jeg er utrolig ked af, at jeg må aflyse vores aftale og håber inderligt, at du når at få dette kort, så du ikke tror, at jeg har glemt dig. Faktisk er jeg blevet ret varm på dig ♥ og derfor er det også ekstra svært, at jeg i stor hast er tvunget til at rejse på denne måde. Min mor har fået besked om, at min mormor ligger for døden og hun er ikke i stand til at rejse alene. Min far er nødt til at passe sit arbejde, så jeg må tage med hende. Jeg nåede ikke at få opladt min mobil og sender derfor dette kort fra lufthavnen. Husk på man kan flygte fra meget i livet, men man kan ikke flygte fra sig selv. Stå op for dig selv og dine værdier. Jeg glæder mig allerede til at komme tilbage igen og min glæde vil ingen ende tage, hvis du også har lyst til at se mig igen.
God jul til dig og din lille troldepige.
Alonzo ♥♥♥

Clara blev helt varm om hjertet og kunne mærke, hvordan varmen i kinderne vidnede om, at hun måtte være helt rød i ansigtet. Hun havde også haft denne uforklarlige følelse, når hun tænkte på ham, og så var det måske bare fordi, hun var lidt forelsket. Sikken en aldeles vidunderlig og helt ny følelse. Hun holdt kortet tæt op til sit hjerte og fyldtes af en strøm af lykke. Hvor var hun bare glad for, at hendes mor ikke var der lige nu. Selvom det stak i hjertet at tænke sådan, så måtte Clara også erkende, at hendes mors misbrug i den grad ødelagde både deres samvær, men også Claras muligheder for at have et almindelig sundt liv uden bekymringer om, hvor fuld hendes mor var og hvordan dagen ville blive. Det måtte være slut med at finde sig i hendes mors ondskabsfuldheder. Hun ville følge Alonzo's råd og stå op for sig selv og sine værdier.

Kapitel 15.

Endelig var den sidste arbejdsdag overstået og med to tunge indkøbsposer trådte Clara ind i opgangen. Hun tjekkede postkassen på vejen og fortsatte op til lejligheden. Da hun satte nøglen i døren hørte hun en puslen bag sig og så, at det var fru Jensen, der havde åbnet døren.

"Godaften Clara, sikken du slæber."

"Ja, der er jo lukket i butikkerne i julen."

"Ja, juleaften er jo i morgen. Jeg tænkte på, om der er nogen, du skal holde jul med?"

"Nej, min mor er jo stadig indlagt og min mormor er her ikke mere. Men det er fint nok."

"Hmm. Men man skal jo ikke sidde alene juleaften i din alder. Min datter og hendes mand kommer med mit barnebarn og holder jul med os og vi vil være rigtig glade, hvis du har lyst til at fejre den med os."

"Tak, men det kan jeg da ikke tage imod. Hvad vil din familie ikke sige til det?"

"De vil kun blive glade. Faktisk er det min datter og min mand, der har bedt mig invitere dig. Vi plejer at mødes, når Disney show starter. Sig nu bare ja," sagde hun med et glimt i øjet," da hun kunne se, at Clara så helt forvirret ud.

"Jamen hvis I synes det, så vil jeg gerne komme. Men jeg har jo ingen gaver med til nogen af jer."

"Nej selvfølgelig har du ikke det, og det forventer vi jo på ingen måde."

Clara bar poserne ind og var bare så taknemlig for al den venlighed, hun var blevet mødt med, lige siden hendes mor var blevet indlagt. I en fart fik hun pakket varerne ud og frydede sig over, at der lå noget på alle hylderne i køleskabet. Hun havde været meget opmærksom på priserne og sparet, hvor hun kunne, men alligevel havde hun fået mange ting. Der var også en julegave fra arbejdet, som hun lagde på spisebordet. Hun ville først åbne den i morgen.

Hun havde kigget længe på en lille blomst til sin mor, men havde til sidst besluttet sig for ikke at købe noget. Hendes mor ville alligevel ikke sætte pris på det og hun ville også undre sig over, hvor pengene kom fra. Clara havde ringet til sygehuset i en pause for at høre, hvordan hendes mor havde det, men de havde sagt, at hun stadig var lidt svær at snakke med, så Clara havde besluttet, at hun ville vente til første juledag med at besøge hende igen.

Selvom det var sent og havde været en lang dag, så var Clara fyldt med energi. Hun tænkte meget på Alonzo og det dejlige kort, han havde sendt til hende. Tænk at han midt i al tumulten med sin mor havde givet sig tid til at finde et helt specielt kort til hende. Og så var der også det med de ekstra penge på hendes bankkonto. Hun måtte finde nogle oplysning om tante Olga. Hun synes, at hun engang havde set, at hendes mor havde sådan en adressebog, så hun gik i gang med at lede.

Alle skuffer og skabe i køkkenet og stuen blev åbnet og lukket uden resultat. I stuen fandt hun dog nogle gamle billeder af sin mormor, som hun sad og kiggede lidt på. Hun havde ikke meget lyst til at gå ind i morens soveværelse, fordi hun vidste, at hendes mor ikke ville have det. Alligevel åbnede hun døren og blev mødt af en sødlig stank af gammel fuldskab blandet med lugten af bræk. Hun tændte lyset og skyndte sig hen og åbnede vinduet.

Sengetøjet tog hun af og puttede i en pose, så hun kunne vaske det i juleferien. Bortset fra lugten så var der forbavsende ryddeligt. Hendes mors vasketøj lå i vasketøjskurven og når hun åbnede skabene, lå det rene tøj pænt lagt sammen. Man skulle næsten tro, at det var det eneste sted i hendes liv, hun havde en smule styr på. Alt andet var jo kaos.

Carla følte sig overvåget, mens hun forsigtigt ledte efter adressebogen. Hun kiggede under tøjet både i skabet og skufferne, men fandt ikke noget. Hun satte sig på kanten af sengen og kiggede rundt, indtil hendes blik standsede ved skabet. Hurtigt fik hun hentet en stol og kiggede oven på skabet. Helt inde langs væggen stod en gammel skotøjsæske, som hun lige kunne nå, når hun strakte sig. Hun trak den hen til sig og undrede sig over vægten. Den var helt støvet, så det måtte være længe siden, hendes mor sidst havde kigget i den. Forsigtigt løftede hun den ned. Hun tog låget af og lagde det på sengen, så hun ikke satte mærker i støvet.

Øverst lå adressebogen og hun slog op under O og fandt tante Olgas adresse og telefonnummer. Hun tog den med ind i køkkenet og skrev oplysningerne ned. Nysgerrigheden vandt over frygten, da hun ville lægge adressebogen på plads, så hun løftede de andre ting ud af æsken og lagde dem på sengen i en lang række, så hun kunne lægge dem på plads i samme rækkefølge. Nederst fandt hun forklaringen på æskens tyngde. Der lå tre tykke dagbøger oven på en pose med en lille klud. Hver med et bredt rødt bånd om. Det brænde i fingrene på hende for at løsne båndene, mens hun havde en indre kamp om, at lade være. Man læser vel ikke andres dagbøger, tænkte hun. Men håbet om at kunne finde noget om sin egen tilblivelse vandt over skammen ved at dykke ned i sin mors hemmeligheder.

Der var koldt i soveværelset, så hun tog bøgerne med ind i stuen, hvor det virkede lidt mindre forbudt. Med rystende hænder løsnede hun det første bånd og kiggede på den første side, mens hun prøvede at regne ud, hvor gammel hendes mor var på det tidspunkt. Det blev nu tydeligt i teksten, for det handlede om morens konfirmation. Det var mærkeligt at læse, at hendes mor havde været glad og taknemmelig. Clara ville ikke snage mere end højst nødvendigt, så hun bladrede frem i bogen for at komme tættere på hendes eget fødselstidspunkt.

Den første bog gav ikke rigtig nogle oplysninger ud over, at hendes mor bestemt havde været lykkeligere dengang, hun selv var barn. Hun lukkede den og gjorde sig stor umage med at sætte båndet på plads igen, inden hun åbnede den næste bog, der i store træk mindede om den første bortset fra, at der også var kommet noget med kærester og fester og nogle følelsesudbrud, som hun bedre kunne genkende fra sin mor.

Den sidste dagbog så mere slidt ud og havde skjolder på omslaget. Hun fjernede båndet, som bar præg af at have været taget af og på mange gange. Spændt åbnede hun og kiggede på første side. Det var nu ved at nærme sig årstallet for hendes eget fødsel, så hun bladrede langsomt, mens hun skimmede teksten, der mange steder var gnedet ud, som om hendes mor havde grædt, mens hun havde skrevet det. Der var kommet flere fester ind og der var også noget om nogen, der eksperimenterede med stoffer og to af hendes venner, der var kommet i fængsel efter et slagsmål. Det bar præg af at hendes mors venner vist ikke var helt fine i kanten.

På næste side gled et lille brev ud. Clara åbnede det og mærkede hvordan pulsen steg for hvert ord hun læste. Her stod det sort på hvidt, hvordan hendes mor var blevet gravid efter en voldtægt og at hun havde et bevismateriale. Der stod ikke noget om, hvem det var til. Var det et brev, hendes mor havde skrevet til Claras far, men bare ikke turde sende. Clara kiggede på siden i dagbogen, hvor hun kunne læse, at hendes mor først havde opdaget, at hun var gravid, da hun var i tyvende uge.

Hurtigt bladrede hun videre og fandt ud af, at den mand der måtte være hendes far, ham der havde voldtaget hendes mor, også havde truet med at slå hende ihjel, hvis hun så meget som pippede det mindste om sagen. De næste sider viste et tydeligt billede af vrede og bitterhed både mod det barn, hun havde i maven og den mand, der var skyldig i det. Med væmmelse lukkede Clara bogen og satte båndet på. Hun havde ikke lyst til at læse mere. Hun kunne forstå morens vrede mod manden, men hvordan kunne hun lade det gå over til et lille uskyldigt barn.

Clara bar alle tre dagbøger ind i soveværelset for at pakke det hele sammen igen. Nu vidste hun, hvordan hun var kommet til, men hun ville måske alligevel hellere have været foruden. Hun havde ikke engang lyst til at se, om hun kunne finde ud af, hvem det tarvelige, ondskabsfulde væsen var. Da hun ville lægge bøgerne ned i æsken standsede hun ved den lille plastikpose. Hun foldede posen lidt ud og smed den hurtigt fra sig, da hun opdagede, at det var et par gamle iturevne trusser med indtørret blod. Var det morens bevismateriale. I en fart fik hun lagt det hele tilbage i kassen og stillet den op på skabet igen.

Hun prøvede at sætte sig ind i sin mors situation, prøvede at forstå hende, men følelsen af at være uønsket ramte hende igen som et hårdt slag. På badeværelset skrubbede hun hænderne i håb om, at kunne vaske morens snavs af sig. I spejlet blev hun mødt af et blegt, såret ansigt, men også et ansigt med en ny styrke. En klog pige, der vidste, at hun måtte træde ud af morens skygge for at blive fri til at leve sit eget liv. Et helt andet liv, hvor hun tog ansvar for sin egen lykke. Hvordan det skulle ske, ville hun planlægge i juleferien. Det skulle være slut med at være den underdanige, som tillod andres mobberi. Hun fornemmede stærkt sin mormors tilstedeværelse og omfavnelse, mens hun stolt roste hendes evne til at rejse sig fra asken og træde ud i verden. Med ro i sjælen lagde Clara sig ind i sin seng. Klokken var over to om natten og trætheden overmandede hende. Lige inden hun faldt helt ind i søvnen, bippede hendes mobil. Det velkendte bip fra Facebook. Hun var med et lysvågen. Orkede ikke, at der nu skulle starte en ny stribe af mobning. Længe lå hun og lyttede efter de næste bip, men der kom ikke flere. Nysgerrigheden tog over og hun rakte ud efter mobilen. Et stort smil bredte sig på hendes ansigt, da det gik op for hende, at det var Alonzo, der havde sendt en besked fra en internetcafé. Hun skyndte sig at svare og lukkede lykkeligt øjnene en halv time senere efter adskillige mail.

Julemorgen stod Clara sent op og tog sig et dejlig langt bad. Hun tørrede duggen af spejlet og kiggede på de tindrende øjne og det salige smil, der mødte hende. Morgenmaden spiste hun i stilhed, mens julestemningen langsomt fyldte hendes spinkle krop. Hun åbnede sin PC og skrev det sidste afsnit i sin lille fortælling om troldepigen.

En dag da hun glædestrålende kravlede op i træet for at kigge efter alfen, var han væk. Hun blev helt trist og tænkte, at han måske havde opdaget, at hun havde fundet hans æske og var rejst væk i raseri. Nedtrykt kravlede hun ned og lagde sig ved siden af træet. Nu var alt det sjove pludselig væk og haven så igen trist og kedelig ud. Da hun ville støtte hovedet i sin albue, stødte den på noget hårdt. Febrilsk skyndte hun sig at grave i troldejorden og der lå den flotteste lille æske. Hun tørrede den forsigtig af og så, at der på toppen var et lille billede. Når hun kiggede grundigt efter så hun, at det var et billede af en lille troldepige og en alf. Med hjertebanken og tårer i øj-

nene åbnede hun æsken og fandt som sidst en ny æske og indeni en ny. I alt syv æsker og syv små frø. Hun rejste sig rank i ryggen og med et beslutsomt udtryk i sit lille ansigt. Hun vidste nu, hvad hun skulle gøre. Og sådan fortsatte hun gennem resten af sit liv med at finde små æsker, som hun nænsomt pakkede ud og lod udfolde sig i al deres glans.

Tilfreds med sin lille historie sendte Clara den til hr. Thomsen.

Uden at ødelægge papiret pakkede hun gaven fra arbejdet op. Der var både noget nyt tøj og en stor æske chokolade. Det måtte være en af hendes kollegaer, der havde valgt tøjet for det var lige i hendes størrelse og passede også til en dejlig julemiddag i betænksomme menneskers selskab. Chokoladen tog hun under armen, låste døren og bankede spændt på hos hr. og fru Jensen, mens hun stolt efterlod skyggerne bag sig.